_____ 님의 소중한 미래를 위해
이 책을 드립니다.

# 제4차 산업혁명시대,
## 블록체인에 투자하라

# 제4차 산업혁명시대, 블록체인에 투자하라

블록체인 재테크에
지금 당장 동참하라

김재윤 지음

메이트북스

메이트북스 우리는 책이 독자를 위한 것임을 잊지 않는다.
우리는 독자의 꿈을 사랑하고,
그 꿈이 실현될 수 있는 도구를 세상에 내놓는다.

# 제4차 산업혁명시대, 블록체인에 투자하라

**초판 1쇄 발행** 2018년 5월 15일 | **지은이** 김재윤
**펴낸곳** ㈜원앤원콘텐츠그룹 | **펴낸이** 강현규·정영훈
**책임편집** 안미성 | **편집** 이가진·이수민·김슬미
**디자인** 최정아·홍경숙 | **마케팅** 한성호·김윤성 | **홍보** 이선미·정채훈
**등록번호** 제301-2006-001호 | **등록일자** 2013년 5월 24일
**주소** 06132 서울시 강남구 논현로 507 성지하이츠빌 3차 1307호 | **전화** (02)2234-7117
**팩스** (02)2234-1086 | **홈페이지** www.matebooks.co.kr | **이메일** khg0109@hanmail.net
**값** 15,000원 | **ISBN** 979-11-6002-603-0 03320

투자는 무엇이 옳고 그른지에 대해
자신만의 생각과 아이디어, 방향을 가지고 있어야 하며,
대중에 휩쓸려 감정적으로 행동하지 않아야 한다.

• 앙드레 코스톨라니(주식중개인) •

# 당신은 왜
# 블록체인에 투자하나?

2009년 1월 3일 역사적인 비트코인의 제네시스 블록(Genesis Block) 발행을 시작으로 암호화폐, 그리고 블록체인 기술이 본격적으로 시작되었다. 현재까지 9년간 비트코인의 가치는 약 7만 배 상승했고 이더리움 등 알트코인의 가치도 대폭 상승했다. 국내에서도 2017년 말을 기점으로 암호화폐에 대한 폭발적인 열풍이 불었다. 비트코인이 코인당 1억 원이 될 것이란 희망과 함께 많은 사람이 투자에 뛰어들었다.

하지만 2018년 1월 각 국가의 규제 및 테더 이슈가 겹치면서 암호화폐는 큰 폭의 하락을 경험했다. 2017년 말 암호화폐의 장밋빛 미래만 바라보고 투자했던 많은 투자자는 회복 불가능한 손실을 입고 좌절했으며, 2018년 4월 현재 암호화폐에 대한 세간의 시선은 부정적이기까지 하다.

반면 암호화폐의 근간을 이루고 있는 블록체인 기술에 대해서는 각 국가와 기업의 투자가 빠르게 진행되며 관심이 커지고 있다. 그리고 정책적으로 '암호화폐 규제, 블록체인 투자'가 2018년 초부터 본격적으로 시작되었다. 하지만 암호화폐와 블록체인을 분리해서 다룰 수 있는 문제일까? 비트코인을 포함한 암호화폐는 변동성이 높아 투자에 대해 극히 유의해야 하는 것은 사실이다.

그러나 블록체인, 특히 퍼블릭 블록체인의 경우는 암호화폐 없이 구동되는 것은 불가능에 가깝다. 프라이빗 블록체인도 많은 가능성이 열려 있는 기술이지만, 탈중앙화를 통한 새로운 세상의 창조에는 반드시 퍼블릭 블록체인이 필요하다. 그리고 이를 위해서는 암호화폐가 필수다.

현재의 과도기적인 암호화폐 생태계가 안정되고, 기술개발이 진행됨에 따라 암호화폐와 블록체인의 르네상스는 머지않아 분명 도래할 것이다. 인터넷의 등장이 세상을 바꾼 것과 같이 블록체인도 세상을 바꿀 것이다. 그리고 새로운 기술의 등장으로 세상이 바뀔 시점에서는 분명 큰 수익을 얻을 수 있는 기회가 올 것이다.

　2000년대 닷컴버블 시기를 떠올려보자. 그 당시 등장한 많은 인터넷 기업은 신규 시장 개척을 통해 엄청난 부를 축적했고 해당 회사의 가치는 수천 배 이상 상승했다.

　블록체인은 이제 태동기에 접어들었다. 아직 기술이 완성되지도 않았으며 완전하지도 않다. 이는 다시 말해 아직 투자하기 늦지 않았다는 것을 의미한다. 비록 암호화폐의 가치는 작년 말 대비 60% 이상 하락했지만, 장기적 그림에서의 상승곡선은 꺾이지 않았다고 본다.

　지금 암호화폐 및 블록체인에 대한 투자에 관심을 가지는 투자자들은 아직 상승곡선의 초기 단계에 불과하다. 다만 암호화폐에 대해 직접 투자하는 것은 분명 고위험 고수익(High Risk

High Return)임을 명심해야 한다. 그리고 고위험 고수익 투자상품에 자산의 대부분을 투자하는 것은 대단히 위험한 일이다.

블록체인 시대에서는 암호화폐에 대한 직접 투자뿐 아니라 다양한 방법의 재테크 방법이 존재한다. 나는 투자자들이 비트코인 및 다양한 알트코인에 투자하기 앞서, 이 책을 통해 블록체인 시대의 다양한 투자방법과 올바른 리스크 분산 방법에 대해 도움을 받길 바란다.

블록체인을 통한 기술 혁명이 시작되는 현시점에서 투자를 시작하는 것은 큰 이익을 얻을 수 있지만, 그만큼의 손실 가능성이 있다는 점도 꼭 명심하길 바란다. 그리고 10년 후 모든 블록체인 투자자들이 성공적인 투자 결과를 되돌아보길 진심으로 바란다.

김재윤

비트코인을 비롯한 암호화폐들은 작년 말부터 매스컴을 타며 큰 이슈가 되고 있다. 비트코인은 2030세대 중심으로 확산되며 소위 '대박'을 꿈꾸는 투자 열풍이 불고 있다. 그리고 동시에 블록체인(Blockchain) 기술에 대한 관심도 커지고 있다. 암호화폐에 대한 투자의 성공을 위해서는 이 둘의 상관관계에 대해 명확히 파악하고 있어야 한다. 블록체인에 대한 이해를 통해 제4차 산업혁명시대, 블록체인에 대한 다양한 투자 아이디어를 얻을 수 있을 것이다.

# 1장

# 암호화폐와 블록체인,
# 무엇이 먼저인가?

# 비트코인으로 시작된
# 암호화폐의 역사

최초의 암호화폐인 비트코인 이후 현재까지 1,500개가 넘는 암호화폐들이 탄생했다.
암호화폐 생태계는 아직도 초기 단계에 불과하며 끊임없는 기술 발전이 진행되고 있다.

지금 대한민국은 비트코인(Bitcoin) 열풍으로 뜨겁다. 이러한 열풍은 비트코인뿐 아니라 리플(Ripple), 이더리움(Ethereum) 등 알트코인(Altcoin)까지 퍼진 상황이다. 공중파 방송에서도 매일 암호화폐(Cryptocurrency)에 대한 이야기가 끊이질 않는다. 방송에서는 비트코인으로 대박 난 사람들 이야기가 나오고, 주변엔 각종 암호화폐로 큰돈을 벌었다는 이야기가 들린다. 모 방송국의 프로그램에서는 방송 도중 암호화폐 매매로 10분 만에 20억 원을 버는 모습까지 나왔다.

2030으로 대변되는 젊은 층의 투자 열기는 특히 뜨겁다. 심지어 '비트코인 블루'란 웃지 못할 우울증까지 생겼다. 주위 사람들의 '비트코인 대박'을 지켜보며 받는 상대적 박탈감이 우울증으로 이어진다는 것이다. 특히 암호화폐 투자를 많이 하는 2030세대의 우울증이 심각한 상황이다. 24시간 거래되는 암호화폐의 특성상 투자자들은 불면증, 불안감에 시달리기도 한다.

　하지만 이러한 암호화폐 열풍에도 불구하고, 암호화폐를 화폐의 용도로 사용하기엔 쉽지 않다. 오히려 화폐라기보다 디지털 상품에 가깝다. 심지어 2018년 1월 이후 비트코인은 우리나라를 포함한 각국의 정부 규제, 테더 문제 등으로 폭락을 기록했다.

　암호화폐는 기존의 화폐 또는 투자 수단보다 높은 변동성을 가지고 있다. 그래서 투자하기에 앞서 어떤 특성 때문에 비트코인을 비롯한 암호화폐가 이러한 열풍의 주역이 되는지 파악할 필요가 있다. 그것은 바로 '블록체인(Block Chain)'이다. 블록체인은 비트코인, 암호화폐만큼이나 최근 많이 회자되는 단어다. 하지만 암호화폐와 블록체인의 개념을 명확히 파악하는 투자자는 생각보다 많지 않다.

　실제 비트코인을 보유하고 있는 지인 중 블록체인에 대해 이해하고 있는 이는 거의 없었다. 심지어 암호화폐 관련 TV 토론회에 나오는 패널들조차 암호화폐와 블록체인의 관계에 대한 명확한 이해가 부족한 실정이다.

블록체인에 대해서는 이번 1장에 걸쳐 이해하기 쉽게 풀어나가며, 암호화폐 투자가 아닌 블록체인 투자에 대해 제시해보려 한다. 화폐(비트코인)에 대한 투자가 아닌, 기술(블록체인)로부터 파생 가능한 무궁무진한 기회를 잡아보는 것이 어떨까?

## 최초의 암호화폐, 비트코인의 탄생

2017년 돌풍의 주인공 비트코인의 역사와 탄생에 대해 잠시 주목해보자. 이 책은 비트코인에 대한 투자를 권장하거나 설명하는 내용은 아니다. 하지만 블록체인, 그리고 암호화폐 전반에 대한 이해를 위해서는 비트코인의 탄생에 대한 기본적인 이해가 필요하다(1장에서는 POW, 노드, 해쉬 등의 전문용어 사용을 배제하고 설명하겠다).

비트코인은 2008년 익명의 개발자로부터 탄생되었다. '나가모토 사토시'의 논문 'Bitcoin: A Peer-to-Peer Electronic Cash System(비트코인: P2P 전자 화폐 시스템)'에서 처음으로 제시된 비트코인은 화폐를 블록체인으로 구현한 최초의 암호화폐다.

**나가모토 사토시의 논문 '비트코인: P2P 전자 화폐 시스템'의 기본원칙**

| |
|---|
| 순수 P2P 버전의 전자화폐로 금융기관의 개입 없이 당사자 간 온라인 대금 결제가 가능 |
| 이중 지불을 저지할, 믿을 수 있는 제3자는 불필요 |
| P2P 네트워크로 이중 지불 문제에 대한 해결책을 제시 |
| 네트워크는 타임스탬핑 기능을 통해 거래들을 기록<br>거래 기록은 작업 증명을 새로 수행하지 않는 이상 변경 불가 |
| 최장 길이 체인은 발생한 사건들의 순서를 증명<br>또한 사건들이 최대 규모의 컴퓨팅 파워 풀을 통해 입증됨을 나타냄<br>다수의 컴퓨팅 파워가 네트워크에 대한 공격 의도가 없는 노드들에 제어되는 한, 노드들은 길이가 가장 긴 체인을 생성해 공격자를 저지 |
| 네트워크는 최소한의 구조를 갖추며 각 노드에서 발생되는 메시지는 네트워크 안에서 공유<br>노드들은 네트워크에서 자유롭게 참여 가능<br>노드들이 부재중에 발생한 일에 대해서는 최장 길이를 유지하는 작업 증명 체인을 채택 |

　그렇다면 왜 나가모토 사토시는 비트코인을 블록체인으로 구현했을까? 개인 홈페이지를 꾸밀 때 사용되던 싸이월드 도토리, 대중교통을 이용할 때 사용하는 T-Money 등, 이 모두 디지털상에서 구현된 화폐다. 이러한 디지털 화폐는 블록체인을 사용하지 않는다. 이 화폐는 중앙화된 발행 주체가 존재하기에 발행 주체가 화폐의 신뢰를 보증해준다. 만약 화폐의 신뢰를 보장할 방법이 없다면, 위조지폐가 난무할 것이다.

　당신의 통장잔고를 임의로 수정한다고 가정해보자. 수정된 통장잔고의 진위여부를 확인할 수 있는 주체가 없다면, 마음대로 수정하더라도 문제가 되지 않을 것이다. 이같이 화폐로서의 신뢰를 잃는다면 그 화폐는 화폐로서의 가치까지 잃게 된다.

하지만 비트코인을 비롯한 암호화폐들은 중앙 발행 주체가 없다. 즉 화폐의 신뢰를 보장해 주는 중앙기관이 없는 것이다. 나가모토 사토시는 이러한 화폐의 신뢰를 중앙기관이 아닌, 모든 참가자를 통해 확보하고자 했다. 즉 모든 거래 기록이 담긴 거래 장부를 모든 참가자가 보유하고 있다면, 어떠한 거래에 대한 위조는 불가능해진다(물론 이론상 전체 50% 이상의 거래장부를 수정함으로써 위조가 가능하긴 하다).

이러한 거래 장부의 분산 시스템이 블록체인이며 비트코인의 근간을 이루는 기술이다.

좀더 직관적인 이해를 위해 부루마블 게임을 생각해보자. 4명의 참가자가 부루마블 게임을 한다. 참가자가 4명인 관계로 중앙은행을 담당할 사람이 없다. 때문에 참가자는 거래 당사자들 간 각자 거래를 한다. 하지만 참가자 4명이 모든 거래 내역을 보고 있기 때문에 거래에 대한 위조 문제는 생기지 않는다. 그런데 참가자들이 화장실을 간 사이 A가 몰래 가장 비싼 '서울' 땅에 대한 문서를 챙겨왔다. 하지만 A가 '서울' 땅을 구매한 사실이 없다는 것을 모든 참가자가 알고 있기 때문에 '서울' 땅에 대한 소유권은 A가 확보할 수 없게 된다. 이것이 바로 거래 장부의 분산이며 블록체인의 단순한 개념이다.

## 부루마블로 설명하는 블록체인의 원리

- · 4명의 참가자는 서로의 토지 소유권에 대해 알고 있음
- · 통행료 및 토지 거래 내역에 대해서도 모든 참가자는 파악중
- · 중앙은행이 없기 때문에 4명의 참가자는 자율적으로 정해진 규칙에 따라 화폐를 거래
- · 모든 참가자들이 서로의 거래 내역에 대해 기억하고 있음

# 비트코인 이후,
# 암호화폐 생태계 흐름

2009년 1월 3일 비트코인의 첫 발행(Genesis Block)이 시작된 지 10년이 지나고 있다. 비트코인은 놀랄 만큼 혁신적이며 효율적이지만 꽤 많은 한계점이 노출되고 있는 것도 사실이다. 이에 따라 다양한 2세대 코인(알트코인, Altcoin)들이 등장했다. 알트코인(Altcoin)은 말 그대로 비트코인을 대체(alternative)하는 코인(coin)이다. 알트코인으로 명명된 2세대 코인들이 생겨나면서 '코인 춘추전국시대'가 열리고 있다.

비트코인은 블록체인 상에 화폐를 구현했다. 이제 알트코인들은 화폐를 넘어 모든 자산을 블록체인에 기록하고자 한다.

알트코인에 대한 직관적 이해를 위해 블록체인상 자산발행에 대한 예시를 제시해보겠다. 컬러드코인(colored coin), 메타코인(meta coin)은 비트코인을 기반으로 한 자산의 블록체인화에 대한 기본 개념이다.

컬러드코인은 비트코인의 블록체인상에 현물자산을 디지털화해 자산의 디지털화를 가능토록 하는 기능이다. 예를 들면 1억 원짜리 집문서를 컬러드코인 1억 개로 발행해서 디지털화해 블록체인에 기록하게 되면, 집에 대한 소유권은 블록체인에서 안전하게 거래되고 보관된다. 하지만 블록체인상으로 소유권이 증명되더라도 법적으로 보호되는 것은 다른 문제다. 현시점에서 블록체인상의 소유권과 법적 소유권은 별개의 문제인 것이다. 따라서 컬러드코인이 실생활에서 사용되기 위해서는 법적 보호장치가 필수가 된다.

메타코인도 컬러드코인과 동일한 비트코인 블록체인 시스템에서 자산의 디지털 발행을 가능케 한다. 메타코인은 비트코인 블록체인을 이용함으로써 기존 비트코인의 신뢰성을 담보받을 수 있다. 하지만 메타코인 또한 컬러드코인 같은 문제가 존재한다. 게다가 기존 자산의 디지털화는 자칫 해킹의 문제를 가져오게 할 수 있다. 해킹 불가능한 블록체인 기술에서 해킹이 문제가 된다는 것은 아이러니하다.

하지만 아주 높은 가치의 자산을 메타코인으로 표현했을 때

# 알트코인 종류 및 시가총액 순위 표

| *# | 이름 | 시가총액 | 가격 | 거래량(24시간) | 유통 공급량 | 변경(24시간) | 가격 그래프(7일) |
|---|---|---|---|---|---|---|---|
| 1 | ⓑ Bitcoin | ₩169,365,812,111,950 | ₩9,961,853 | ₩8,569,208,690,600 | 17,001,437 BTC | 5.35% | |
| 2 | ◆ Ethereum | ₩70,704,291,948,438 | ₩713,631 | ₩2,791,366,709,150 | 99,076,862 ETH | 5.96% | |
| 3 | ✖ Ripple | ₩35,555,895,506,909 | ₩908.28 | ₩857,473,293,590 | 39,146,203,398 XRP * | 6.21% | |
| 4 | ⬚ Bitcoin Cash | ₩25,613,831,900,924 | ₩1,496,215 | ₩1,077,424,307,400 | 17,096,238 BCH | 5.80% | |
| 5 | ● EOS | ₩13,465,451,328,799 | ₩16,442.84 | ₩1,325,223,727,000 | 818,925,035 EOS * | 3.54% | |
| 6 | Ⓛ Litecoin | ₩9,121,839,304,013 | ₩162,108 | ₩423,214,702,075 | 56,270,063 LTC | 4.36% | |
| 7 | ✳ Stellar | ₩8,227,832,527,061 | ₩443.05 | ₩195,028,077,565 | 18,570,751,968 XLM * | 10.25% | |
| 8 | ● Cardano | ₩8,117,137,653,878 | ₩313.08 | ₩175,990,485,050 | 25,927,070,538 ADA * | 6.21% | |
| 9 | ⧫ IOTA | ₩6,147,463,586,928 | ₩2,211.69 | ₩81,934,650,160 | 2,779,530,283 MIOTA * | 13.67% | |
| 10 | ⧆ NEO | ₩5,307,421,575,723 | ₩81,652.64 | ₩150,878,323,285 | 65,000,000 NEO * | 6.21% | |
| 11 | ▼ TRON | ₩5,181,959,245,804 | ₩78.82 | ₩594,758,387,405 | 65,748,111,645 TRX * | 6.68% | |
| 12 | ⬤ Monero | ₩4,514,371,127,966 | ₩282,634 | ₩119,070,158,460 | 15,972,492 XMR | 2.37% | |
| 13 | ⊘ Dash | ₩4,232,785,332,670 | ₩526,930 | ₩139,046,352,560 | 8,032,923 DASH | 5.73% | |
| 14 | ♥ NEM | ₩3,883,285,045,865 | ₩431.48 | ₩45,291,988,328 | 8,999,999,999 XEM * | 8.37% | |
| 15 | Ⓣ Tether | ₩2,600,803,905,898 | ₩1,075.98 | ₩3,925,956,476,200 | 2,417,140,814 USDT * | 0.20% | |
| 16 | ◆ Ethereum Classic | ₩2,273,071,780,942 | ₩22,417.63 | ₩293,957,544,740 | 101,396,599 ETC | 10.92% | |
| 17 | Ⅴ VeChain | ₩2,208,385,533,486 | ₩4,200.22 | ₩84,174,284,710 | 525,779,138 VEN * | 6.79% | |
| 18 | ■ OmiseGO | ₩2,030,347,124,787 | ₩19,897.06 | ₩327,671,941,650 | 102,042,552 OMG * | -2.46% | |
| 19 | ⓠ Qtum | ₩1,952,133,347,743 | ₩22,044.77 | ₩235,058,951,350 | 88,553,116 QTUM * | 7.42% | |
| 20 | ⬠ ICON | ₩1,820,198,259,355 | ₩4,700.54 | ₩110,455,021,575 | 387,231,348 ICX * | 16.36% | |
| 21 | ◈ Binance Coin | ₩1,780,102,161,286 | ₩15,609.28 | ₩118,946,516,785 | 114,041,290 BNB * | 3.96% | |
| 22 | ⓑ Bitcoin Gold | ₩1,396,230,662,836 | ₩82,283.75 | ₩39,970,880,694 | 16,968,486 BTG * | 6.11% | |
| 23 | ◇ Lisk | ₩1,318,910,501,127 | ₩12,526.94 | ₩24,551,796,191 | 105,285,890 LSK * | 7.29% | |
| 24 | ⬤ Zcash | ₩1,211,756,958,848 | ₩319,606 | ₩88,433,516,823 | 3,791,406 ZEC * | 6.53% | |
| 25 | ▼ Verge | ₩1,166,030,489,771 | ₩78.12 | ₩158,355,956,760 | 14,926,611,212 XVG | 12.31% | |
| 26 | ⓑ Bytecoin | ₩1,097,995,891,977 | ₩5.97 | ₩6,009,487,607 | 183,859,917,849 BCN | 12.43% | |
| 27 | ⬢ Bytom | ₩1,073,212,373,105 | ₩1,067.35 | ₩163,991,782,790 | 987,000,000 BTM * | 7.33% | |
| 28 | ◎ Siacoin | ₩1,064,212,412,072 | ₩31.25 | ₩471,311,313,650 | 34,054,735,010 SC | 21.40% | |
| 29 | ~ Nano | ₩1,050,142,077,720 | ₩7,881.09 | ₩14,491,556,912 | 133,248,289 NANO * | 6.09% | |
| 30 | ⑭ Steem | ₩1,047,704,474,859 | ₩4,123.01 | ₩57,879,355,930 | 254,111,612 STEEM * | 5.76% | |

51% 공격에 따른 비용보다 수익이 많아지는 경우가 생긴다. 블록체인이 해킹 불가능하다는 전제는 51% 공격의 비용이 해킹 성공에 대한 비용보다 월등히 높기 때문이나, 그 반대가 된다면 해킹은 언제든지 일어날 수 있게 된다.

현재 코인마켓캡(Coinmarketcap: 암호화폐 시장 순위, 차트, 커뮤니티 등 한국어 서비스 지원 웹사이트)에 등록된 알트코인의 수는 902개에 달하며, 토큰(Token: 화폐 대용 토큰)까지 합할 경우 1,500개를 넘어선다.

수많은 알트코인의 탄생은 블록체인 생태계의 확대란 측면에서 긍정적인 흐름이다. 알트코인의 지속적인 등장은 기존 코인의 한계를 지속적으로 개선하며 성장한다는 점에서 긍정적이다. 하지만 어떤 알트코인이 살아남을 것인지, 우리는 판단할 수 있을까?

주변의 암호화폐 투자자들에게 "자신이 투자하고 있는 코인이 어떠한 목적을 가진 코인이며, 향후 어떤 미래를 보고 투자한 것인가?"라고 물어보았다. 하지만 대부분의 투자자는 단순히 '제2의 비트코인' 혹은 '비트코인 같은 화폐'로 알고 있을 뿐이었다.

단적으로 암호화폐 투자자들은 투자하고 있는 코인에 대한 백서(White paper)를 읽어보지 않는다. 많은 사람이 투자하고 있는 이더리움, 리플, 라이트코인, 이오스, 대쉬 등 수많은 코인들은 각자의 목적과 철학을 가지고 있다. 그리고 이러한 내용은 자신들의 백서에 자세히 명시된다.

알트코인 중 현시점에서 가장 높은 시가총액을 보유하고 있는 것은 이더리움이다. 2015년 이더리움의 창시자 비탈릭 부테린(Vitalik Buterin)은 블록체인 플랫폼을 표방하며 현재 알트코인의 대장 역할을 하고 있다.

이더리움은 스마트 컨트랙트(Smart Contract)와 디앱(Dapp)을 내세우며 다양한 서비스를 블록체인상에 구현하도록 한다. 물론 이러한 이상적인 블록체인 플랫폼을 구상하고 있는 이더리움 또한 많은 기술적 한계점이 있다. 이더리움은 속도와 용량 제한, 그리고 이더리움이 채택하고 있는 합의 알고리즘인 PoW(Proof of Work, 작업증명)의 한계가 존재한다.

이더리움의 이러한 한계를 넘어서고자 3세대 암호화폐로 분류되는 이오스(EOS), 테조스(Tezos), 에이다(ADA) 등이 등장한 것이다. 아직 암호화폐가 넘어야 할 기술적 한계는 많다. 하지만 블록체인 기술은 끊임없이 발전할 것이며, 기술적 문제는 언젠가 해결될 수밖에 없다.

이더리움으로 시작된 블록체인 플랫폼의 발달은 향후 다양한 서비스를 제공하는 블록체인의 확장으로 이어질 것이다. 가까운 미래에 세상은 블록체인을 통해 큰 변화를 맞이할 것으로 기대한다.

# 블록체인을 화폐 기록 장부로
# 사용한 비트코인

비트코인은 블록체인을 화폐 거래 기록 장부로 사용하는 '화폐'로 탄생했다. 현존하는 화폐의 지위를 위협할 수도 있는 비트코인이지만, 아이러니하게도 실제 금융권에서는 블록체인 기술 도입에 혈안이 되어 있다.

비트코인이 목표하는 바는 명확하다. 나카모토 사토시가 제시한 비트코인의 역할은 '화폐'다. 즉 비트코인은 블록체인을 화폐 거래 기록 장부로 활용한 디지털화폐다. 사토시는 공개된 장부인 블록체인에 화폐 거래 기록을 남김으로써, 중앙 기구 없이 시스템과 화폐 사용자만으로 작동되는 화폐 시스템을 구현한 것이다.

그런데 과연 중앙 기구 없이 구현된 암호화폐가 화폐의 기능을 할 수 있을까? 비트코인 및 암호화폐들의 가치가 연일 상승하며 암호화폐의 가치에 대한 논란이 끊이질 않고 있다. 찬반 의견 모두 합리적인 논리를 가지고 있다. 하지만 암호화폐가 아닌 블록체인 기술의 관점에서 살펴본다면 화폐의 미래에 대해 좀더 합리적인 예측이 가능하다.

블록체인이 대체하는 기존 시스템에서는 해당 암호화폐가 기존 화폐의 역할을 대체하고 있다. 비트코인이 세상의 화폐를 대체하는 것이 아닌, 각 블록체인 시스템의 암호화폐가 해당 분야의 화폐를 대체하는 것이다.

2017년 열풍이 암호화폐였다면, 2018년은 블록체인이다. 각 기업은 앞다투어 블록체인 기술을 도입하고 있고, 블록체인을 활용한 신규 비즈니스를 준비중이다. 그 중 가장 빠르게 움직이는 곳은 금융권이다.

암호화폐와 블록체인 기술의 가장 큰 피해자로 보이는 금융권이 블록체인 기술에 열광한다는 것은 참 아이러니한 일이다. 하지만 블록체인에서 탈중앙화와 암호화폐를 빼고 살펴보면, 이보다 금융권에 적합한 기술이 없다. 기존의 금융권은 프라이빗 블록체인(Private Block Chain)을 통한 막대한 비용절감이 가능해진다. 게다가 보안까지 강화할 수 있으니 금상첨화가 아닐 수 없다. 프라이빗 블록체인에 대해서는 3장에서 자세히 다룰 것이다.

# 비트코인은 블록체인을
# 화폐 거래 기록 장부로 사용

앞서 블록체인은 분산된 장부가 서로의 정보를 공유하며 기록되는 시스템임을 설명했다. 비트코인은 이러한 분산된 장부에 화폐 거래를 기록함으로써 화폐의 구실을 하고자 고안된 시스템이다. 그렇다면 나카모토 사토시는 왜 하필 블록체인상에 화폐를 구현하고자 한 것일까?

사토시가 비트코인 구현에 블록체인을 사용한 이유는 바로 블록체인의 탈중앙화란 특징 때문이다. 기존 화폐는 중앙은행과 정부 등의 중앙기관이 필요하다. 중앙기관은 화폐의 가치를 보증하고 통화량을 조절한다. 중앙기관이 없으면 현재 화폐 시스템은 작동을 멈추게 된다. 종잇조각에 불과한 화폐가 가치를 가지게 되는 것은 이러한 중앙기관의 보증 때문이며 화폐를 발행하고 소각하는 것 또한 중앙기관의 역할이다.

하지만 중앙기관은 100% 신뢰 가능한 존재가 아니다. 항상 부패에서 자유로울 수 없으며, 주관적인 판단에 따른 화폐 정책은 실패 가능성이 있다.

사토시는 화폐 발행 기관을 블록체인 시스템으로 대체한다면 이런 중앙집중화 문제를 해결할 수 있을 것이라고 생각했다. 비트코인은 중앙기관만이 부여할 수 있었던 화폐의 가치를

**블록체인상 구현된 화폐 모식도**

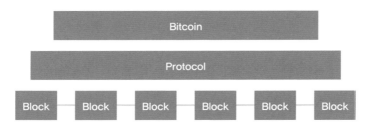

화폐 사용자들로 이루어진 블록체인 시스템 자체에서 부여한
다. 또한 모든 사용자가 모든 화폐 거래의 기록을 보유함으로
써, 서로 신뢰를 부과하는 역할을 하도록 했다. 이를 통해 비트
코인은 중앙기관 없이 화폐 사용자들만으로 연결된 블록체인
상에서 화폐의 역할을 수행할 수 있게 된다.

## 블록체인과
## 화폐의 미래

인류 역사에 있어 화폐는 끊임없이 변화해왔다. 과거부터 인류
는 조개껍데기, 바위 같은 주변 사물을 화폐로 사용해왔으며
금·은 같은 귀금속을 화폐로 사용하기도 했다. 시간이 지나고
경제와 기술발달에 따라 인류는 현재의 화폐를 사용하게 되었

다. 그리고 최근 암호화폐가 실물화폐를 대체할 것이란 이야기가 여기저기서 들리고 있다.

중요한 질문을 해보자. "과연 비트코인이 기존 실물화폐를 대체할 수 있을 것인가?" 이에 대한 대답은 의견이 분분할 것이다. 하지만 "블록체인이 기존 실물화폐의 패러다임 변화를 가져올 수 있을 것인가?"에 대한 대답은 "Yes"다.

비트코인은 실물화폐로 사용되기에는 많은 한계가 있다. 그러나 블록체인 기술의 발달과 이에 따라 생겨나는 신규 암호화폐들은 기존 화폐 역할의 많은 부분을 침식해 나갈 것이다. 화폐의 정의를 백과사전에서 찾아보면 "상품의 가치를 매기는 척도이자 재화의 교환수단이 되는 지폐나 주화"로 나온다. 즉 화폐는 특정 시스템 내에서 통용되는 재화의 교환 수단이다. 블록체인 기술의 발달은 기존 중앙집중형 시스템을 탈중앙화된 시스템으로 대체할 것으로 전망되고 있다.

블록체인으로 대체한 시스템에서는 해당 블록체인의 암호화폐가 사용될 것이다. 이렇듯 블록체인 세상의 암호화폐는 모든 실물 화폐를 대체하는 역할을 하는 것이 아니라, 해당 블록체인이 대체한 분야에서 사용되었던 실물 화폐를 각각의 암호화폐가 대체한다.

블록체인으로 구현된 탈중앙화 시스템에서는 해당 블록체인을 구동시킬 암호화폐가 필요하다. 리플(Ripple)의 예를 들어

**블록체인 세상에서 통용되는 화폐 = 암호화폐**

다양한 블록체인은 각자 작동하며
해당 암호화폐는 각각의 블록체인
상에서 기존 화폐를 대체

보자. 리플은 블록체인으로 구현한 국가간 송금 시스템에 사용
되는 암호화폐다. 기존 SWIFT 네트워크를 대체할 것으로 전
망되는 리플은 SWIFT 네트워크를 대체하며 기존 화폐를 대
체한다.

또한 블록체인을 통해 음원 저작권 시장에 진출한 뮤지코인
(Musicoin)은 기존 음원 저작권 매매시 사용되는 기존 화폐를
자체 암호화폐인 뮤지코인으로 대체한다. 이 외에도 수많은 암
호화폐는 기존 시스템에 사용되던 화폐를 대체하며, 각각의 시
스템별로 사용되는 모습을 보여주고 있다.

## 블록체인 기술 활용을
## 원하는 금융권

암호화폐에 대한 전통적이며 유명한 오해가 있다. 바로 '암호화폐는 탈중앙화된 화폐이며 기존 금융권의 위협이 되는 요소'라는 것이다. 하지만 현실은 반대다. 실제로 금융권에서는 블록체인 기술의 등장에 환호성을 보내고 있다. 블록체인 연구가 가장 활발한 산업도 금융권이다.

이렇듯 금융권에서 블록체인 기술에 대해 열광하는 이유는 바로 '비용절감'이다. 물론 블록체인 기술은 결코 비용절감을 위해 탄생한 것은 아니다. 하지만 블록체인의 분산 원장 구조는 기존 금융권의 중앙 집중식 시스템 대비 대폭 낮은 비용을 통한 높은 보안성 유지가 가능하다.

다국적 컨설팅전문회사 맥킨지(Mckinsey)는 블록체인 기술의 금융시스템 도입으로 고객 데이터베이스 관리와 보안에 관련된 금융비용절감 효과가 연간 23조 원에 이를 것으로 예측했다. 또한 미국계 로펌 화이트앤케이스(White&Case)는 블록체인 기술을 활용함으로써 전 세계 금융권은 2022년까지 150억~200억 달러에 이르는 인프라 비용을 절감할 수 있을 것으로 전망했다. IDC도 블록체인 기술을 통해 금융업의 비용절감 규모는 2022년 약 200억 달러에 이를 것으로 기대했다. 즉 금융권에서 블록체인 기술 도입의 핵심은 비용절감이다.

그렇다면 금융권의 블록체인 도입은 어떻게 이런 비용절감 효과를 거둘 수 있는 것일까? 금융권의 블록체인 도입에 따른 비용절감은 2가지 부분으로 요약된다.

첫 번째는 비싼 보안 비용의 절감이다. 금융권은 중앙 시스템에 핵심 정보를 보관한다. 금융권이 해킹당한다는 것은 곧 자산을 도둑맞는 것과 똑같다. 이 때문에 금융권은 자사의 중앙 시스템을 보호하기 위해 천문학적인 비용을 보안 시스템에 투입한다. 하지만 블록체인을 활용하면 보안 비용이 크게 줄어든다. 금융권의 핵심 정보들은 블록체인을 구성하는 모든 블록에 기록된다. 그리고 해킹을 위해서는 과반수의 블록을 동시에 해킹해야 한다. 즉 블록체인 시스템 도입은 기존 시스템 대비 대폭 낮은 비용의 보안비용으로 안정성을 확보할 수 있게 해준다.

두 번째는 업무처리 과정 단순화에 따른 비용절감이다. 금융권의 업무처리 방식은 매우 복잡하다. 우리가 단순히 사용하는 은행 간 이체도 매우 복잡한 단계를 거쳐 진행된다. 피라미드식의 중앙 집중 시스템의 한계다. 하지만 블록체인의 구조는 중앙 시스템 없이 각 블록이 각자 연결되어 있어 기존 시스템 대비 대폭 슬림한 구조의 업무 처리가 가능해진다.

# 블록체인이란 무엇인가?
# 세상 모든 것을 기록할 수 있는 공개 장부

비트코인의 탄생이 블록체인의 무궁무진한 가능성을 세상에 알렸지만, 블록체인은 단순히 화폐를 위한 기술은 아니다. 블록체인은 세상 모든 것을 기록할 수 있는 공개된 장부다.

블록체인을 화폐거래의 기록장부로 사용하는 것이 비트코인이라 밝혔다. 즉 블록체인은 모든 참여자가 열람 가능한 공개장부다. 그렇다면 이 장부에는 화폐거래뿐 아니라 '어떠한 정보'라도 기록할 수 있지 않을까?

사실 나카모토 사토시가 비트코인의 구현에 블록체인 기술을 활용했을 뿐, 블록체인 자체는 화폐가 아니다. 마치 백지 노트와 같다. 실제로 많은 블록체인 프로젝트들이 다양한 정보를 블록체인에 기록하며 기존 시스템의 역할을 대체하고 있다. 블록체인을 투표용지로 사용하는 국가도 등장하고 있으며, 부동산 계약의 계약서로 사용하는 블록체인도 있다. 병원 진료기록을 블록체인에 기록하기도 한다.

정보를 블록체인에 기록하는 이유는 기본적으로 탈중앙화에서 오는 이점 때문이다. 탈중앙화를 통해 보안성의 강화가 가능하며 중앙 시스템으로 정보가 쏠리는 것을 막을 수 있다. 또한 중앙 시스템을 거치는 복잡한 프로세스를 생략함으로써 막대한 비용절감도 가능하다.

## 블록체인의 개념, 한방에 이해하기

학창 시절, 교실 뒤에는 공개 게시판이 있었다. 그리고 그 게시판에는 모든 학우가 공동으로 작성하고 공유하는 정보가 기록되어 있다. 시험기간이 되면 성적과 순위가 기록된 잔인한 A4 용지가 게시판에 붙는 동시에 각 학생들에게 나누어진다. 당신은 당신 위에 누가 있으며, 당신 밑에 누가 있는지 확인할 수 있다.

당신의 성적은 37/40, 하위 8%의 성적이라 집에 돌아가면 혼날 것이 명백하다. 학교에 남아 펜과 지우개로 열심히 성적

**블록체인상 성적표 모식도**

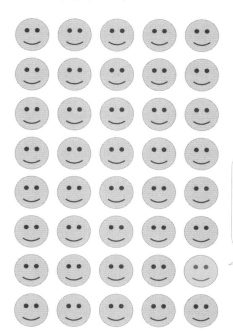

모든 학생이 보유한 성적표에
는 전체 성적이 기록됨

하나의 성적표를 수정하는 것
으로는 시스템상 기록된 본인
의 성적을 고치는 것이 불가능

표를 수정하고 집에서 혼나는 걸 피했다. 하지만 당신의 성적
은 변하지 않았다. 반의 모든 친구들이 당신이 37등인 A4 용지
를 가지고 있기 때문이다.

극단적인 예를 들었다. 성적이 기록된 A4 용지는 개인 장부
이며, 이 장부에는 필요한 모든 정보가 기록된다. 비트코인은
이러한 장부를 화폐 거래 기록을 위한 장부로 사용함으로써
화폐의 역할을 하게 되는 것이다.

비트코인은 화폐 거래 기록을 블록체인에 기록하면서 화폐의 기능을 구현했지만, 블록체인 자체는 화폐가 아니다. 참여자 모두가 가지고 있으며 동시에 연동되는 공개 장부다. 다시 말해 기록할 수 있는 모든 정보는 블록체인상에 기록할 수 있는 것이다.

## 블록체인 위에는 세상 모든 것을 기록할 수 있다

블록체인은 백지다. 상상하는 모든 것을 기록할 수 있으며, 구현할 수 있다.

앞서 예를 든 성적표도 블록체인으로 구현가능하다. 전국 수험생들의 수능 정보를 기록하는 블록체인 시스템을 생각해보자. 수험생들은 종이 성적표를 받는 대신 성적표가 명시된 블록을 받는다. 그리고 대학 지원시 각 대학은 블록체인상 기록되어 있는 해당 학생의 성적을 확인함으로써 학생의 합격 여부를 확인할 수 있다. 모든 대학과 학생, 학부모, 학교는 시험을 친 후 등록된 블록체인만 확인하면 된다. 교육부에 모든 성적이 보관되고, 확인을 위해서는 교육부를 통해야 하던 시스템은 블록체인 시스템만으로 처리 가능해진다. 또한 성적표 위조의 부정행위도 불가능하다.

블록체인을 투표용지로 사용하는 것도 가능하다. 이미 북유럽의 작은 국가 에스토니아는 자국의 투표 시스템을 블록체인을 통해 구현했다. 에스토니아 시민은 투표일이 되면 세상 어느 곳에 있더라도 모바일을 통해 투표가 가능하다. 투명하고 높은 신뢰도를 보유한 블록체인을 통해 부정선거를 미연에 방지할 수 있다. 또한 개표에 투입되는 시간과 비용을 절감할 수 있어 블록체인 투표 시스템은 점차 확대되는 추세이다.

지적재산권 또한 블록체인에 등록할 수 있다. 이미 음악에 대한 저작권을 블록체인에 등록해 매매하는 뮤지코인(Musicoin)이 존재하며, 사진에 대한 저작권을 다루는 코닥(Kodak)의 코닥코인(Kodak Coin)이 런칭을 준비하고 있다.

유통시스템과 물류시스템도 블록체인 시스템으로 구축되고 있다. 상품의 유통과정과 물류의 운송과정을 블록체인에 실시간으로 등록한다면, 각각의 유통과정과 운송과정을 실시간으로 안전하게 파악할 수 있다. 실제로 IBM은 월마트의 중국 돼지고기 유통망에 블록체인을 활용한 유통시스템을 구축했다. 이를 통해 돼지고기의 생산 농장에서부터 소비자까지 이르는 전반적인 유통과정을 빠르고 안전하게 확인가능하다. 즉 돼지고기에 문제가 발생할 경우 어떤 과정에서 생긴 문제인지 순식간에 추적이 가능한 것이다.

# 왜 정보를 블록체인에
# 기록해야 하나?

블록체인은 백지와 같으며 모든 것을 기록할 수 있다는 것을 앞에서 언급했다. 그런데 여기서 한 가지 의문이 생길 수 있다. 정보를 중앙 서버에 기록하는 것과 블록체인에 기록하는 것이 무슨 차이가 있느냐는 것이다. 중앙 서버와 블록체인 둘 다 기록의 용도라면 굳이 복잡한 블록체인에 정보를 기록할 필요가 있는가에 대한 의문이 생길 수 있다.

결론부터 말하자면, 정보의 성격에 따라 다르다. 블록체인에 기록함으로써 기존 중앙집중형 시스템 대비 높은 이득을 얻을 수 있는 정보가 있는 반면, 기존 중앙집중형 시스템이 유리한 경우도 있는 것이다.

블록체인에 정보를 기록해야 하는 이유는 보안 강화와 탈중앙화, 이 2가지 때문이다. 탈중앙화는 기존 중앙집중형 시스템으로는 구현이 불가능했던 시스템을 구현할 수 있다. 인터넷 기반의 서비스는 반드시 중앙 시스템이 필요하다. 그리고 중앙 시스템은 사용자에게 서비스를 제공하며 일정 수수료를 받거나 발생하는 수익에 대해 소유권을 가져간다. 블록체인이 이러한 인터넷 기반의 서비스를 대체한다면 수수료는 사라지고, 발생하는 수익은 블록체인 구성원에게 배분될 것이다.

심지어 탈중앙화된 기업도 구성할 수 있다. 모든 직원이 블록체인상에서 원격으로 일하며 자동으로 회계처리가 진행되고, 성과에 따라 월급을 받는 기업 구현이 가능해지는 것이다. 이런 탈중앙화된 기업은 기존 기업 대비 현저히 낮은 고정비와 높은 효율성을 확보할 수 있다. 그리고 이를 바탕으로 소비자에게 경쟁사 대비 대폭 낮은 가격의 재화를 공급할 수 있게 되는 것이다.

하지만 블록체인은 기존 시스템에 비해 처리속도가 느리다. 모든 정보가 분산되어야 해서 블록체인은 정보의 용량이 커지면 커질수록, 블록이 많아지면 많아질수록 많은 처리과정이 필요하다. 하지만 기존 중앙집중형 시스템은 어떤 정보든 한 번만 기록되면 된다. 즉 특별한 보안이 필요 없으며, 빠른 속도가 요구되는 시스템에서는 블록체인에 정보를 기록할 이유가 없어진다.

# 암호화폐와 블록체인은
# 불가분의 관계

퍼블릭 블록체인의 핵심은 암호화폐이다. 하지만 프라이빗 블록체인은 암호화폐와 관계
없다. 두 종류의 블록체인을 이해한다면 조금 더 암호화폐에 다가설 수 있다.

암호화폐에 대한 사회문제가 대두되면서 암호화폐에 대한 부
정적인 의견이 많이 나오고 있다. 또한 정부의 규제가 심해짐
에 따라 미래성장동력이 될 블록체인의 기술 발전을 막는 것
이 아니냐는 우려도 나오고 있다. 정부는 암호화폐는 규제하고
블록체인은 장려하겠다는 의지를 보인다. 하지만 암호화폐와
블록체인을 별개로 나누어 볼 수 있을까?

블록체인 없이 현시대의 암호화폐는 존재할 수 없다. 그렇다
면 암호화폐 없는 블록체인은 가능할까? 암호화폐 없는 블록

체인은 가능하다. 다만 매우 제한된 범위에서 가능하다. 그리고 탈중앙화가 목적인 퍼블릭 블록체인(Public Block Chain)에서 암호화폐와 블록체인은 불가분의 관계이다. 하지만 정해진 멤버로 구축되는 프라이빗 블록체인(Private Block Chain)은 암호화폐가 필요 없다. 현재 정부와 금융권, 대기업이 도입하고 있는 블록체인이 바로 프라이빗 블록체인이다.

프라이빗 블록체인은 그 자체로도 많은 장점이 있다. 때문에 많은 기업이 도입을 준비하고 있는 것이며 정부에서도 도입을 준비 중이다. 그러나 프라이빗 블록체인은 블록체인이 가진 가능성의 반도 되지 않는다. 진정한 블록체인의 가치는 탈중앙화에서 나온다. 탈중앙화가 바로 미래를 바꿀 블록체인의 힘이다.


## 퍼블릭 블록체인과 프라이빗 블록체인


암호화폐의 블록체인에 기록된 대부분의 정보는 모든 참여자가 열람 가능한 공개 장부이다. 하지만 세상에는 공개되지 않아야 하거나, 일부에게만 공개되어야 하는 정보가 있는 법이다. 오히려 금융기관의 거래 기록, 정부가 보유한 개인 정보 등

공개되지 말아야 할 정보가 공개 가능한 정보보다 중요한 경우가 많다. 이런 비공개 정보는 공개된 블록체인상에 기록되어선 안 된다. 이에 프라이빗 블록체인의 개념이 등장한다. 접근이 허락된 참여자에 한해 사용 가능한 프라이빗 블록체인은 현시점에서 금융권이 가장 큰 관심을 두고 있다.

2017년 10월 금융투자협회와 11개 국내 증권사는 프라이빗 블록체인 기반의 체인아이디(Chain ID) 인증서비스를 시작했다. 체인아이디는 11개 증권사로 이루어진 프라이빗 블록체인에 고객의 인증서를 보관하며 한번의 인증을 통해 11개 증권사의 모든 인증을 가능하게 하는 서비스다. 이를 통해 고객은 편리함을 얻으며 증권사는 인증에 들어가는 비용을 대폭 절감할 수 있게 되었다.

이러한 인증 서비스는 금융권이 도입하려는 프라이빗 블록체인의 기초 단계에 불과하다. 향후 금융 서비스 전반에 걸친 블록체인 도입이 시작되며, 금융권의 수익성 개선과 서비스 개선, 소비자 수수료 절감이 동시에 진행될 것이다.

퍼블릭 블록체인과 프라이빗 블록체인은 참여자의 제한에 차이가 있다 보니, 합의 알고리즘에서도 큰 차이를 보인다. 퍼블릭 블록체인의 유지를 위해서는 핵심 합의 알고리즘인 PoW(Proof of Work, 작업 증명), PoS(Proof of Stake, 지분 증명) 등이 필요하다. 여기서 퍼블릭 블록체인의 한계가 등장한다. 비트코인

**퍼블릭, 프라이빗 비교**

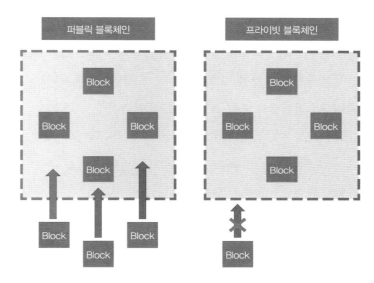

의 경우 PoW 방식을 사용하며, 해시파워 경쟁에 따른 과도한 에너지 소모 문제가 발생하고 있다.

하지만 프라이빗 블록체인의 경우, 이러한 경쟁적 합의 알고리즘이 필요 없다. 따라서 퍼블릭 블록체인의 가장 큰 고민인 증명에 대한 문제가 발생하지 않는다. 소수의 참여자로 구성된 블록체인은 보증된 신원의 참여자들만 정보에 접근 가능하기 때문에 경쟁적 합의 알고리즘이 필요 없는 것이다. 다시 말해 퍼블릭 블록체인이 극복해야 할 기술적 문제가 원천적으로 해소된다.

단, 프라이빗 블록체인은 탈중앙화와는 거리가 멀다. 탈중앙화와 거리가 멀다는 것은 블록체인이 가진 가능성의 절반도 활용하지 못하는 것이다. 탈중앙화 없는 블록체인은 단순히 기업의 비용절감과 보안 강화에 쓰이는 도구일 뿐이다. 나쁘게 말한다면 인터넷의 단순 업그레이드에 불과하다. 반대로 탈중앙화를 가능케 만들어주는 퍼블릭 블록체인은 혁명과 다름없다. 소수중앙 시스템 위주로 돌아가는 인터넷 세계를 다수의 사용자 위주로 변화시킬 무기다.

21세기는 정보가 곧 권력인 시대이다. 중앙 시스템으로 집중되는 정보를 탈중앙화시킨다는 것은 진정한 정보의 민주주의라 할 수 있을 것이다.


## 블록체인시스템 유지의 핵심은 암호화폐

최근 중국, 한국 등 몇몇 국가들의 암호화폐에 대한 규제가 시작되며 논란이 되고 있는 쟁점은 암호화폐와 블록체인을 별개로 다룰 수 있느냐에 대한 것이다. 암호화폐에 대한 규제와는 별개로 대부분의 국가는 블록체인을 제4차 산업혁명의 핵심 기술로 인정하고 투자를 진행하고 있다. 그러나 암호화폐에 대한 규제와 블록체인 기술에 대한 투자가 양립할 수 있는 것일까?

퍼블릭 블록체인 시스템 유지의 핵심이 바로 암호화폐다. 암호화폐가 없는 블록체인 시스템은 구성은 될지라도 작동이 되지 않는 깡통에 불과하다. 블록체인이 자동차라면, 암호화폐는 연료가 되는 것이다.

또한 퍼블릭 블록체인과 암호화폐의 관계는 '기술적' 문제가 아닌 '경제적' 문제로 봐야 한다. 블록체인은 중앙시스템이 없다. 따라서 각 참여자(node)들이 연결되며 자동으로 시스템이 작동되어야 한다. 하지만 보상이 없다면 참여자들은 블록체인의 구성을 위한 자원을 공짜로 공급하지 않을 것이다.

비트코인의 창시자 '나카모토 사토시'는 블록체인을 통한 암호화폐를 구상하며 이러한 경제적 보상에 대한 천재적인 아이디어를 고안했다. 기본적으로 블록체인은 모든 거래기록을 모든 블록에 기록하며 거래에 대한 신뢰를 확보해야 한다. 문제는 해킹의 보상이 거래에 대한 기록을 해킹하는 비용보다 크다면, 시스템은 언제나 해킹의 위험이 존재한다는 것이다. 때문에 '나카모토 사토시'는 의미 없이 어려운 수학문제를 풀어야만 거래를 블록체인상에 기록 가능하도록 구성했다.

이를 통해 해킹의 문제는 근본적으로 해결되었다. 하지만 실질적인 사용자들은 높은 거래비용 때문에 거래가 불가능해졌다. 이 상황에서 높은 거래비용을 감안하고 거래를 기록해줄

**퍼블릭 블록체인과 암화화폐 관계 모식도**

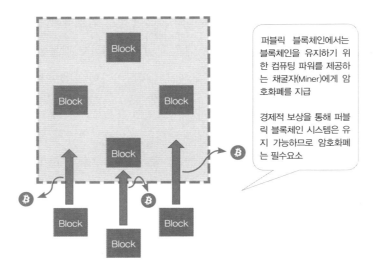

퍼블릭 블록체인에서는 블록체인을 유지하기 위한 컴퓨팅 파워를 제공하는 채굴자(Miner)에게 암호화폐를 지급

경제적 보상을 통해 퍼블릭 블록체인 시스템은 유지 가능하므로 암호화폐는 필수요소

참여자에게 일정 보상을 제시한다면 어떨까?

비트코인은 블록체인을 유지해줄 컴퓨팅 파워(computing power)를 제공하는 참여자에게 일정 비율의 일정 화폐를 자동적으로 발행해주며 보상을 제시한다. 이러한 보상을 위해 컴퓨팅 파워를 제공하는 행위를 채굴(mining)이라 하며, 이들이 비트코인 시스템의 채굴자들(miner)인 것이다.

즉 암호화폐의 탈중앙화, 해킹 안정성을 보장하는 것은 '기술'이 아닌 참여자들의 '경제적 이득'에 달려 있다 해도 무방하다. 따라서 암호화폐라는 경제적 이득을 제외한 채, 블록체인의 작동을 위한 컴퓨팅 파워를 무료로 공급할 선의의 참여자들을 기대하는 것은 논리적이지 않다. 이러한 인간의 근본적인 '경제적 이득' 문제에 따라 퍼블릭 블록체인은 암호화폐와 불가분의 관계가 된다.

물론 암호화폐가 없어도 되는 프라이빗 블록체인도 있다. 하지만 앞서 퍼블릭 블록체인과 프라이빗 블록체인에 대해 설명한 것과 같이 둘의 차이는 명확하며, 서로 역할을 대체할 수 없다. 또한 프라이빗 블록체인은 단순히 몇몇 참여자들이 서버를 나눠서 데이터를 보관하는 역할 이상을 하기 힘들다.

제4차 산업혁명에서 블록체인에 주목하는 이유는 '탈중앙화' 때문이다. 하지만 프라이빗 블록체인은 탈중앙화와는 거리가 멀다. 오히려 중앙시스템의 강화에 가깝다. 프라이빗 블록체인은 중앙시스템의 비용절감과 보안 강화에 효과적인 기술이며, 중앙화를 강화하는 효과가 있다.

이미 블록체인 혁명은 시작되었다. 인터넷 혁명이 20세기를 바꿨다면, 블록체인 혁명은 다음 세기를 바꿀 것이다. 글로벌 기업 및 정부는 앞다투어 블록체인 기술 투자에 뛰어들고 있다. 대기업은 자신들의 사업을 확장 및 발전시키기 위해 블록체인 기술을 도입하고 있으며, 스타트업 및 벤처기업들은 새로운 비즈니스를 개척하기 위해 블록체인 기술을 도입하고 있다.

2장

# 블록체인으로 시작되는
# 신 비즈니스 모델

# 블록체인에
# 주목하는 기업들

블록체인을 통해서 기업들은 다양한 이점을 얻을 수 있다. 1차적으로 비용절감, 보안강화가 가능하며 2차적으로 새로운 비즈니스 모델을 확보할 수 있다.

글로벌 기업 및 정부는 블록체인이 과거 인터넷의 등장에 버금가는 충격을 줄 것으로 기대하고 있다. 이에 따라 글로벌 대기업부터 각국의 정부, 스타트업에 이르기까지 블록체인 기술 활용에 열을 올리고 있다.

가트너(Gartner)는 2018년 이후 주목해야 할 10대 기술로 블록체인을 제시하며 2020년 블록체인의 비즈니스 가치는 100억 달러에 이를 것으로 전망했다. 또한 시장조사 기관인 IDC는 글로벌 금융 기업의 블록체인 도입은 2020년 200억 달러에 이르는 비용절감 효과를 얻을 수 있을 것으로 전망했다.

기업들은 2가지 목적을 가지고 블록체인 기술을 활용하고자 한다. 첫 번째는 기존 사업의 발전이며, 두 번째는 신 비즈니스 모델 확보이다. 글로벌 대기업들은 기존 사업의 발전을 위한 블록체인 기술 도입을 시도 중이다. 블록체인을 통해 기존 정보처리에 대한 이점을 확보할 수 있을 뿐만 아니라 비용절감, 보안강화 등 기업의 이윤창출에 큰 효과를 거둘 수 있을 것으로 예상하고 있다.

반면에 벤처기업, 스타트업의 경우 블록체인을 통한 신 비즈니스 모델 확보를 노리고 있다. 이를 통해 기존 대기업의 영역을 침범할 수 있으며 완전히 새로운 시장 개척이 가능할 것으로 기대한다.

기업뿐 아니라 각국의 정부도 블록체인 기술도입을 빠르게 준비 중이다. 에스토니아(Estonia)는 세금 납부, 투표 등에 블록체인 기술을 도입하며 전자정부에 빠르게 다가서고 있다. 심지어 전자시민권 발급을 통해 전세계 사람들이 에스토니아 내 법인 설립이 가능하도록 했다. 이를 통해 블록체인 관련 비즈니스를 유치하고 있으며, 현재 154개국의 약 3만 3천 명에게 전자시민권을 발급했다. 또한 국가차원의 암호화폐 발행을 준비 중이다. 이렇듯 에스토니아는 전세계의 ICO 수요를 끌어들이며 블록체인 기술의 선두에 설 준비를 하고 있다.

**국가별 블록체인 개발 현황**

| | | 사업 추진 현황 |
|---|---|---|
| 글로벌 | R3 CEV | 20개 대형은행들인 뱅크오브아메리카, 씨티그룹, 골드만삭스 등 미국 핀테크 기업 R3와의 제휴를 통해 블록체인 표준 플랫폼 공동 개발 |
| | 블록체인CG | 금융 외 다양한 산업에 적용 가능한 블록체인 표준화 연구, 2016년 7월 블록체인 기술의 장단점을 기록한 백서 출판 예정 |
| | VISA | 디지털 화폐 결제 업체 시프트 페이먼츠(Shift Payments)와 협업을 통해 비트코인 결제 가능한 비자 직불 카드를 출시 |
| | Hyperledger | 2016년 1월 JP모건, 웰스파고, 스테이트스트리트, 영국 런던거래소 등 금융 대기업이 참가하는 '오픈레저(Open Ledger)' 프로젝트를 세워 기업의 최적화된 블록체인 기술 개발 지원(인텔과 시스코 등 다른 IT업체들도 프로젝트 참여) |
| 미국 | 금융안정위원회 (FCB) | 2016년 2월 총회의 특별세션으로 블록체인에 대한 회의를 개최하고, 이에 맞춰 금융기업 또한 블록체인 기술을 활용하기 위한 투자와 핀테크스타트업과 제휴를 본격적으로 추진 |
| | 나스닥OMX그룹 | 2015년 말 장외시장 거래 플랫폼인 링크시스템(Linp system)에 블록체인 도입. 거래 성립부터 결제까지 미국에서 3일, 유럽에서 2일을 각 10분으로 단축 |
| | 미국증권거래위원회 | 지난달 온라인 소매업체 오버스톡이 블록체인 기술을 사용해 증권거래소 등을 통하지 않고 유가증권을 발행한다는 계획을 승인 (2016-01 기준) |
| | 시티그룹 | 자사 운영 송금 및 결제 기반으로 블록체인을 쓰는 방안을 추진 |
| | JP모건체이스 | 2015년 금융 관련 IT기술에약 90억 달러를 투자 |
| 유럽 | 바클레이스은행 | 2015년 10월 무역 결제 관련 데이터 관리를 위해 미국 블록체인 벤처 웨이브와 계약 |
| | 독일도이치은행 | 블록체인 기술을 활용한 시스템 구축 및 표준 추진을 위해 글로벌 은행과 R3간 파트너십 체결에 참여 |
| | 독일피도르은행 | 가상통화환정을 제공하기 위해 유럽에서는 카르켄, 독일에서는 bitcoin Deulschland GmbH와 파트너십을 계약. 출금계좌 이체 서비스를 제공하는 리플 연구소와 제휴 |

| | | |
|---|---|---|
| 아시아 | 중화인민은행 (PBoC) | 2014년 전자통화 전담팀 구성, 2016년 1월 블록체인 기반 자체 전자통화 발행을 고려 중 |
| | 일본MUFG은행 | 블록체인과 문산장부 기술을 기반으로 전자통화인 'MUFG코인' 개발 |
| | 일본미즈호은행 | 2015년 10월 R3에 참여해 해외 기관투자자의 일본증권 거래를 대상으로 블록체인 기반 국경 간 증권거래 시스템을 테스트 함 |
| | 싱가포르DBS은행 | 스탠다드 차티드 은행과 파트너십 체결, 블록체인과 유사한 전자 송장 플랫폼을 개발 중 |
| | 차이나레저 얼라이언스 | 중국의 증권사들이 단독으로 구성한 블록체인 연합체, 완샹 블록체인 랩스가 주축이 되어 중국에서 적용이 가능한 분산원장 솔루션 개발연구 중 |

　　영국 정부도 블록체인을 통한 정부기록보관 시스템을 연구하고 있으며, 호주 정부는 여권 및 출생증명서 데이터베이스를 블록체인에 기록하는 방안을 준비 중이다. 또한 일본도 정부입찰과 미국 델라웨어 주정부 또한 기록물 저장소에 블록체인을 도입해 운영 중이다.


## 금융권의
## 블록체인 도입


금융권에 있어 블록체인 도입은 이익 극대화를 위한 최고의 방안이다. 기업의 목적은 이윤창출이며, 이윤창출의 핵심 요소

중 하나는 비용절감이다. 금융권은 프라이빗 블록체인의 가장 큰 수요처가 될 것으로 기대하며, 실제로 도입이 완료된 분야도 생겨나고 있다. 금융권의 블록체인 기술 도입은 주로 기업들의 컨소시움 구성을 통해 이루어지고 있다.

전세계적으로 큰 규모의 금융권 블록체인 프로젝트는 글로벌 유수의 금융기업이 참여하고 있는 R3CEV(R3 Crypto, Exchanges and Venture Practice), 러시아 중앙은행 및 시중 은행이 참여하는 러시아 은행 컨소시움, 리플(Ripple)과 일본 은행이 참여하고 있는 일본 은행 컨소시움, 중국 31개 금융기관이 참여하고 있는 파이낸셜 블록체인 선전 컨소시엄(FBSC) 등이 있다. 국내에서도 금융투자협회 주도로 26개 금융투자회사와 금융투자업권 블록체인 컨소시움을 구성하며 Chain ID 시범서비스를 공급하고 있다.

R3CEV는 세계 최대의 블록체인 컨소시움으로 금융권의 블록체인 플랫폼 개발을 목표로 하고 있다. 금융 플랫폼 개발 전문 스타트업 R3는 금융권 전반에 걸친 블록체인 기술 개발을 위해 글로벌 금융 공룡과 함께 R3CEV 컨소시움을 구성했다. 현재 R3CEV에 참여 중인 글로벌 기업들은 약 80개로 확대되었으며, 국내 금융권 또한 국민은행·신한은행·하나은행·우리은행이 참여 중이다.

이러한 금융권의 블록체인 도입은 프라이빗 블록체인의 가장 대표적인 활용 예시다. 현재 진행 중인 금융권의 블록체인 연구는 천문학적인 보안 비용과 거래 처리비용을 절감하는 용도로서 진행되고 있다. 즉 금융권이 도입 중인 블록체인은 암호화폐가 필요 없다. 오히려 암호화폐의 등장으로 인한 금융 시스템의 탈중앙화는 기존 금융기업의 새로운 경쟁자가 될 것이다.

탈중앙화를 통해 중앙시스템이 필요 없는 금융 시스템이 완성될 경우, 금융기관의 주요 업무인 화폐 거래가 블록체인 시스템상에서 자동으로 기록되고 처리될 수 있다. 금융기관이 담당하는 화폐의 이전(결제, 송금)·저장(저축, 투자)·대여(대출, 채권) 서비스가 블록체인상 구현될 경우 현저히 낮은 수수료, 높은 보안성을 확보한 탈중앙화된 금융 시스템이 완성되는 것이다.

하지만 이러한 기존 금융 시스템에서 활용되는 암호화폐도 생겨나고 있다. 리플사(Ripple inc)에 의해 탄생한 리플이 대표적이다. 리플은 다른 암호화폐와는 달리 금융권의 중앙화된 시스템에서 빛을 발한다. 현재 시점 암호화폐 시가총액 3위를 차지하고 있는 리플은 은행 및 기업 간 송금 시스템을 위해 탄생했다.

리플은 리플넷(Ripple Net)을 통해 해외 송금 시스템을 구축했다. 이를 통해 기존 해외 송금 시스템인 SWIFT 대비 압도적으로 빠른 결제 속도와 낮은 비용을 확보했다. 때문에 많은 은행이 리플넷을 통한 해외송금 서비스 시스템 도입을 검토 중이다. 국내 우리은행도 리플넷을 통한 해외송금 테스트를 진행 중에 있으며, 일본 SBI 그룹은 이미 리플넷을 통한 국제 송금 서비스를 런칭 후 서비스 중에 있다.

## 비금융권의
## 블록체인 도입

금융권의 대표적인 블록체인 컨소시움이 R3CEV라면, 비금융권의 대표주자는 하이퍼레져(Hyperledger) 프로젝트다. 하이퍼레져는 리눅스 재단과 주도로 진행 중인 프로젝트로 컴퓨터 소프트웨어 전문업체인 IBM, 컴퓨터 기기 기술 및 개발업체인 Intel 등 유수의 IT 기업들이 참여하고 있다.

하이퍼레져는 프라이빗 블록체인의 표준을 목표로 하는 프로젝트이며, 모든 산업에 적용 가능한 블록체인 플랫폼을 개발 중이다. 현재 하이퍼레저 패브릭 1.0이 개발 완료되어 다양한 분야에 적용되고 있다.

실제 하이퍼레저 패브릭이 적용된 사례는 매우 흥미롭다. IBM과 머스크는 하이퍼레저 패브릭을 통해 운송에서 소매까지 공급망 전반에 걸친 상품의 상태를 추적하는 프로젝트를 진행 중이다. 이를 통해 전세계에서 운항 중인 컨테이너의 데이터를 관리하며, 운송에서 소매까지 업체들의 정보 공유를 투명하게 확보할 수 있게 된다.

또한 IBM은 월마트와 함께 돼지고기 유통시스템에도 패브릭을 적용했다. 월마트는 중국 베이징에 패브릭 기반의 돼지고기 유통 추적 시스템을 구축하며, 판매되는 돼지고기 각각의 유통경로를 블록체인상에 기록했다. 이를 통해 사육부터 소매판매에 이르는 유통과정을 투명하게 관리할 수 있게 되었다. 식품에 대한 안전이 위협받는 중국의 경우, 블록체인을 통해 안전한 먹거리를 확보할 수 있게 된다.

국내에서는 삼성SDS, LG CNS, SK C&C가 가장 활발한 기술 연구를 하고 있다. 삼성SDS는 자체 블록체인 솔루션인 넥스레저(Nexledger) 개발을 통해 하이퍼레저 패브릭이 추구하는 블록체인의 모든 산업에 적용을 시도 중이다. 넥스레저는 금융권과 비금융권 모든 분야에 적용 가능한 블록체인 솔루션이며, 삼성카드의 전자문서원본확인, 생체인증 보안강화, 제휴사 자동 로그인 서비스를 블록체인으로 구축했다.

또한 관세청, 해양수산부, 부산항만공사, 현대상선 등 국내 해운·물류 관련 기관 및 기업과 함께 해운물류 블록체인 컨소시엄에도 참여하고 있다. 삼성SDS는 해운물류 블록체인 프로젝트를 통해 화물의 유통과정과 화물의 위치를 실시간으로 추적할 수 있고, 서울시와 함께 장한평 중고차 시장에 블록체인을 도입해 자동차 사고 이력의 투명성을 확보하는 사업도 준비 중이다.

LG CNS 또한 삼성SDS에 못지 않은 블록체인 솔루션을 개발 중이다. 현재 LG CNS는 R3CEV 컨소시움에 참여 중이며, 컨소시움이 개발한 블록체인 플랫폼 Corda 기반의 금융 블록체인 플랫폼을 발표했다. 2018년 상반기 LG CNS는 컨소시움 회원사들과 함께 국제자금이체 파일럿 프로젝트 '아전트' 또한 공개 예정이다.

SK C&C는 하이퍼레저 기반의 블록체인 플랫폼을 준비 중이다. 현재 블록체인 기반의 모바일 디지털 ID 인증서비스와 물류서비스를 공개했다. 물류서비스는 화주들이 실시간으로 물류에 대한 정보를 체크할 수 있어 보다 효율적이고 안전한 화물 운송이 가능할 것으로 기대하고 있다.


## 블록체인을 통한 도약을
## 꿈꾸는 중소기업들


대기업뿐 아니라 많은 중소기업도 블록체인 기술 연구 및 신 비즈니스 모델 개발에 박차를 가하고 있다. 삼성SDS, LG

**블록체인 사업을 준비 중인 기업들**

| | |
|---|---|
| 삼성SDS | 자체 블록체인 솔루션인 넥스레져(Nexledger) 개발 |
| LG CNS | R3CEV 컨소시움 참여, 블록체인 플랫폼 Corda 기반의 금융 블록체인 플랫폼을 발표 |
| SK C&C | 하이퍼레저 기반의 블록체인 플랫폼을 준비 중 |
| SBI핀테크솔루션 | 리플(Ripple)을 활용한 국제송금서비스 시장 진출 |
| 써트온 | 진단서와 의료 명세서 발급에 블록체인을 도입 |
| 메디블록 | 환자의 진료 기록을 블록체인상에 기록 |
| 이젠파트너스 | 블록체인 기반의 에너지 거래 플랫폼을 개발 중 |
| 유엠에너지 | 블록체인 기반의 전력거래 플랫폼을 개발 중 |
| 센트비 | 필리핀, 베트남 등 동남아 국가 위주의 소액 해외 송금 서비스를 준비 중 |
| 블로코 | 블록체인 개발 플랫폼 '코인스텍'을 출시하며 서비스 |

CNS, SK C&C 등 국내 대기업이 프라이빗 블록체인 플랫폼 개발에 집중하고 있다면, 중소기업들은 퍼블릭 블록체인을 통한 탈중앙화된 서비스 제공을 시도하고 있다.

퍼블릭 블록체인은 막대한 자금력이 필요한 중앙집중형 서비스와 반대로 아이디어와 기술만으로 서비스 제공이 가능하다. 현재 많은 업체가 블록체인 비즈니스를 도입 예정이다. 과거 인터넷의 등장이 구글과 아마존을 탄생시킨 것처럼 블록체인의 등장은 제2의 구글, 제2의 아마존을 탄생시킬 것이다.

블록체인 스타트업은 다양한 분야로의 진출을 준비 중이다.

스타트업 기업인 써트온과 메디블록은 의료 분야에 블록체인을 접목할 준비를 하고 있다. 써트온은 진단서와 의료명세서 발급에 블록체인을 도입해 연간 수천 만장씩 발급되는 의료제증명 문서 간소화 서비스를 준비 중에 있다. 또한 메디블록은 각 병원 환자의 진료 기록을 블록체인상에 기록해 환자가 불필요한 중복 검사를 받을 필요가 없도록 하는 서비스를 개발 중이다.

에너지 분야에 블록체인을 접목하는 비즈니스 모델도 등장하고 있다. 이젠파트너스는 한국인터넷진흥원(KISA)으로부터 '블록체인 기반 소형 건물군 대해에너지 서비스 플랫폼 개발' 수행업체로 선정되며 블록체인 기반의 에너지 거래 플랫폼을 개발 중이다. 빙축열 시스템 등 에너지 효율화 사업을 하고 있는 유엠에너지도 블록체인 기반의 전력거래 플랫폼을 개발할 예정이다. 전력 거래에 대한 기록을 블록체인상 기록하게 될 경우 거래 참가자들이 모든 거래에 대한 정보를 보유하고 있어 안전하고 신뢰 가능한 전력거래가 가능하게 된다. 또한 실시간 전력 사용량에 대한 정보를 저렴한 수수료로 누구나 열람 가능하게 되어 투명한 거래가 가능하게 된다.

소액 해외 송금에 블록체인을 도입하는 업체도 있다. 2015년 설립된 센트비는 필리핀, 베트남 등 동남아 국가 위주로 소액 해외 송금 서비스를 준비 중이다. 센트비는 국내 거주 외국인

근로자들의 본국 송금 수요에 주목해 블록체인을 통해 기존 은행 송금 서비스 대비 대폭 낮은 수수료와 빠른 처리시간을 확보했다.

블로코는 블록체인 개발 플랫폼 '코인스택'을 출시했다. '코인스택'은 이미 한국거래소 스타트업 장외주식 거래 플랫폼, 전북은행 모바일앱 간편 로그인, 롯데카드 앱카드 결제, 경기도 주민공모사업 전자투표 등에 적용되었다. 블로코는 향후 1인 개발자도 아이디어만으로 블록체인 서비스를 출시 가능한 플랫폼 개발이 목표다.

이 외에도 수많은 기업이 블록체인 기반의 신 비즈니스 모델을 준비 중이다. 초기 블록체인 활용 비즈니스가 암호화폐 거래소 사업에 집중화되었다면, 현재는 거의 모든 분야로 확대되고 있다. 심지어 해외에서는 도박, 대마초 거래 등 지하경제에도 블록체인이 도입되고 있다. 투표 등 정부의 영역에서 지하경제까지 확대가능한 블록체인이 어디까지 확대될 수 있을지 고민이 필요한 시기이다.

# 블록체인을 활용한
# 신 비즈니스 모델

블록체인의 핵심은 탈중앙화이다. 그리고 탈중앙화는 기존의 중앙화된 시스템을 뒤엎는 강력한 무기가 된다. 때문에 많은 기업들은 블록체인을 활용한 신 비즈니스 모델 도입을 시도하고 있다.

블록체인의 등장은 인터넷의 등장을 능가하는 파급력을 가지고 있다. 하지만 다가올 미래에 대해 기대하는 만큼이나 우려도 큰 상황이다.

단순히 투기를 위한 기술, 실체가 없는 자산으로 치부하기엔 블록체인이 가져올 변화는 너무나 거대하다. 우리가 미래를 예측하기 위한 과정 중 하나는 과거를 돌아보는 것이다. 블록체인이 가져올 변화를 파악하기 위해서는 과거 인터넷의 등장이 인류에게 어떠한 영향을 미쳤는지 돌아볼 필요가 있다.

문서 ⋯→ 인터넷 ⋯→ 블록체인

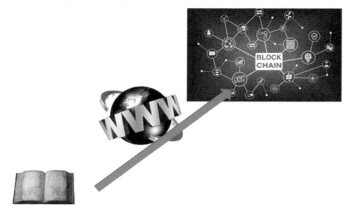

　인터넷은 표준 인터넷 프로토콜을 통해 전 세계 사용자들이 연결되는 컴퓨터 네트워크 시스템이다. 정보의 바다라고 불리는 인터넷은 정보의 빠른 확산·접속이란 면에서 인류의 역사를 바꾸었지만 정보의 중앙집중화를 벗어나지는 못했다.

　인터넷상의 정보는 구글, 페이스북, 아마존 등 인터넷 공룡을 중심으로 모이는 구조이며, 많은 정보가 모일수록 인터넷상의 지위는 강력해진다. 때문에 정보의 평등화, 수평화에 대한 인터넷의 한계는 명확해졌다.

　블록체인은 이러한 정보의 중앙집중화를 타개할 수 있는 기술이다. 블록체인 기술의 확산은 인터넷의 한계를 넘어 진정한 정보의 공유를 가능하게 할 것이다. 다시 말해 블록체인은 기존의 인터넷 공룡, 중앙집중화된 권력을 넘어설 무기가 된다.

## 기존 산업을 뒤엎을
## 가장 강력한 무기, 블록체인

인터넷의 등장은 정보의 수평적 확산을 가져올 것으로 믿었다. 하지만 인터넷은 구글, 아마존, 이베이 등 새로운 공룡기업을 탄생시키며 정보의 중앙집중화로 이어졌다. 원하는 정보를 얻기 위해 구글을 검색하며, 원하는 물품을 사기 위해 아마존 및 이베이를 이용한다. 그리고 지인들과의 커뮤니케이션을 위해 인스타그램과 페이스북 등 SNS에 사진을 올린다.

당신이 올리는 정보, 검색하는 정보는 모두 중앙집중화된 서버를 통해 저장되고 전달된다. 이렇게 수많은 정보가 집중되고 저장되며 인터넷 공룡기업은 끊임없이 거대해진다.

P2P 서비스는 인터넷의 발달이 가져온 대표적인 신 비즈니스다. 기존 B2C 거대 기업을 무너뜨리며 등장한 P2P 서비스는 개인과 개인을 이어주며 획기적인 정보의 수평화를 이루었다. 하지만 개인과 개인의 정보 교환인 P2P 또한 인터넷상에서는 진정한 P2P가 될 수 없다.

대표적인 P2P 서비스인 우버와 에어비앤비를 예를 들어 살펴보자. 이들 기업은 기존 호텔체인과 운송회사의 B2C 시스템을 잠식하며 엄청난 속도로 성장했다. 우버와 에어비앤비를 통해 개인은 각 개인과 1 대 1로 매칭되어 서비스를 제공하고 제

**인터넷 기반 P2P와 블록체인의 비교**

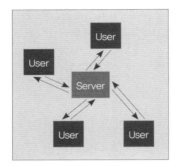

공받는다. 이에 대한 대가로 우버와 에어비앤비는 막대한 수수료 수입을 챙긴다. 그리고 규모가 커지면 커질수록 이들 기업으로의 정보 집중화는 고도화된다. 그렇다면 과연 우버와 에어비앤비를 진정한 P2P로 볼 수 있을까?

인터넷이 기존 전통산업을 무너뜨릴 무기였다면, 블록체인은 인터넷으로 구축된 중앙집중화 시스템을 뒤엎을 강력한 무기가 된다. 기존 인터넷 기반 P2P 서비스로는 우버와 에어비앤비를 넘어서는 시스템을 구축하기가 어렵다. 견고하게 중앙집중화된 시스템을 넘어서는 방법은 모든 정보가 수평적으로 연결되어 정보 자체의 민주화를 이룩하는 것이다.

중개자 없이 우버 같은 서비스를 제공할 수 있는 시스템을 구축한다면 어떨까? 사용자들은 자신의 정보를 중개자(우버)에게 제공할 필요도 없으며 비싼 수수료를 제공할 이유도 없게 된다. 이러한 시스템상에서는 모든 사용자가 평등하게 이어져, 원하는 서비스를 제공하고 제공받을 수 있게 된다. 이와 같은 이상적인 시스템을 구축하기 위한 개념이 블록체인인 것이다.

블록체인의 등장 이후, 세계 각국에서는 기존 산업을 뒤엎을 징조가 보이고 있다. 앞서 예로 제시한 구글, 아마존 등 인터넷 공룡, 그리고 인터넷 기반 P2P 서비스인 우버, 에어비앤비뿐만 아니라 일반 기업까지 새로운 길 앞에 놓여 있다.


## 기업이
## 없어진다


블록체인이 구현할 수 있는 세상을 좀더 확대해보자. 블록체인은 기존 시스템의 탈중앙화를 가능케 하는 기술이자 개념이다. 블록체인은 앞서 설명한 다양한 기업의 중앙화된 비즈니스를 획기적으로 대체할 뿐만 아니라 중앙화된 시스템 자체를 대체할 수도 있다.

'블록유통'이라는 가상의 기업을 예로 들어보자. '블록유통'

은 주주 2명과 직원 20명으로 이루어져 있으며, 농어촌에서 신선한 식재료를 구매해 식당에 공급하는 식재료 유통회사이다. 이제 '블록유통'을 블록체인을 이용해 구현해보자.

이 회사는 주주와 직원, 공급자와 소비자로 구성된 시스템에서 작동된다. 블록체인 시스템에 구축된 계약에 따라 공급자는 식재료를 회사에 공급하고, 회사는 자동적으로 대금을 지불한다. 따라서 공급자는 대금 체불의 위험이 없으며 모든 거래는 주주와 직원, 공급자와 소비자 모두가 공유하는 블록체인에 기록된다.

블록체인에 기록된 거래 기록은 임의 수정이 불가능하기에 어떠한 참가자도 횡령, 사기 등 부정을 저지를 수 없다. 각 식재료의 모든 유통 과정도 블록체인상에 기록되기 때문에 식재료에 문제가 생길 경우, 블록체인상의 계약(smart contract)에 따라 문제가 생긴 부분에 대한 패널티도 자동적으로 진행된다.

또한 20명의 직원은 각자의 역할을 수행하며 역할에 대한 성과는 블록체인상 기록된다. '블록유통'의 주주도 블록체인에 기록된 자신들의 지분만큼 계약에 따라 자동적으로 회사 수익을 배분받게 된다. 이 또한 블록체인상에서 이루어지기에 횡령 및 조작이 불가능하게 된다.

이렇게 구현된 '블록유통'은 블록체인상 계약에 따라 구성원이 자동적으로 맡은 역할을 수행하게 된다. 이를 통해 비싼 사

**탈중앙화된 기업 모식도**

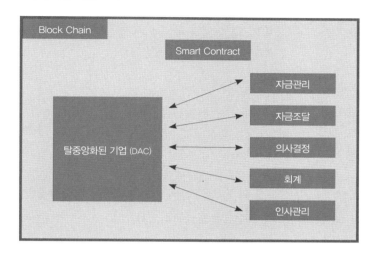

무실 임대료, 많은 회계처리 비용 등 회사를 운영하는 데 필요한 고정비는 획기적으로 줄어들게 되며 회사의 이득은 극대화될 것이다. 이러한 '블록유통'은 DAO(Decentralized Autonomous Organization, 탈중앙화된 자율조직) 개념을 차용한 것이다.

물론 '블록유통'은 실제로 구현되기에는 여러 기술적 문제와 제도적 문제가 있다. 또한 탈중앙화는 모든 기업에 적용될 수는 없다. 오히려 중앙화된 시스템이 이득인 기업도 많다. 리더의 역할이 중요할수록 중앙화된 시스템의 위력은 강력해진다. 하지만 기업의 이윤창출에 획기적으로 유리한 블록체인의 특성상, 가까운 미래에 탈중앙화된 기업이 다수 등장할 것이다. 기존 기업들 또한 탈중앙화를 부분적으로 적용하며 사업효율을 높이게 될 것으로 전망한다.

## 흥미로운 블록체인
## 신 비즈니스 모델

블록체인을 활용한 신 비즈니스 모델을 개발하고 있거나 서비스 중인 기업들, 그리고 블록체인이 대체 가능한 비즈니스에 대해 소개했다. 또한 블록체인이 기업 자체를 대체할 수 있다는 것도 간략히 설명했다.

그렇다면 블록체인을 통한 신 비즈니스 모델은 어디까지 확장 가능하며, 현재 어떠한 부분에 활용되고 있을까? 전 세계적으로 생겨나고 있는 다양한 블록체인 신 비즈니스 모델에 대해 파악할 수 있다면, 블록체인을 통한 재테크에 한걸음 더 가까워질 수 있을 것이다.

주식투자를 위해 기업을 분석하듯 암호화폐에 투자하기 위해서는 해당 암호화폐를 구성하고 있는 블록체인 비즈니스 모델에 대해 파악해야 한다. 모든 암호화폐는 목적을 가지고 생겨나며 그 목적이 바로 블록체인 비즈니스 모델이다. 전 세계적으로 1천 개가 넘는 암호화폐가 생겨나고 있으며, 기업들은 너무나도 광범위한 분야에 블록체인을 활용하고 있다.

블록체인 생태계에 대한 성공적인 투자를 위해서는 현재 개발이 진행되고 있거나, 서비스가 되고 있는 다양한 블록체인 비즈니스 모델에 대한 이해가 필요하다.

현재 블록체인을 통해 구현되고 있는 세상은 농업, 광업, 어업 등 1차 산업에서부터 위성, 항공 등 첨단산업을 아우르고 있다. 뿐만 아니라 도박, 마약 등 지하경제까지 확대되고 있다.

미국의 라이프(Ripe) 프로젝트는 블록체인으로 토마토 공급 체인을 기록한다. 실제 180에이커의 농장에서 센서로 체크되는 토마토 농장의 토마토는 당도, 색감 등 재배 데이터가 블록체인에 기록된다. 이를 통해 토마토의 성장 과정을 추적하며 최적의 토마토를 선별하고 재배하게 된다. 단순히 농작물의 유통 과정을 추적하는 것이 아닌, 농작물의 생산량 증대와 품질 향상에도 블록체인이 활용될 수 있다는 점에서 라이프는 주목 받고 있다.

이탈리아 스타트업 이즈랩(EzLab)은 이탈리아 와인 블록체인 프로젝트(Wine Blockchain EY)를 진행 중이다. 와인 생산에 서부터 유통까지 전 과정을 블록체인에 기록함으로써 소비자는 와인병에 기록된 QR코드 스캔을 통해 와인 생산 전 과정에 대한 정보를 확인할 수 있다. 이로 인해 와인의 품질에 대한 신뢰를 확보할 수 있다.

호주의 곡물 수출업체 웨스트퍼드(West Perth) CBH 그룹은 곡물의 수확에서 수출까지의 과정에 블록체인을 응용하는 프로젝트를 구상중이다. 이 프로젝트는 곡물의 수출과정에 블록체인을 도입하며 곡물의 유통과정을 실시간으로 체크하고 수출에 이르기까지의 비용절감을 목표로 하고 있다.

농업에 적용되는 블록체인 프로젝트는 기본적으로 생산물 이력 추적을 통한 상품의 품질 관리, 비용절감을 목적으로 하고 있다. 마찬가지로 어업, 광업 등에도 블록체인의 도입이 진행되고 있다. 즉 1차 산업에 블록체인은 상품 이력에 대한 신뢰도 확보에 주로 사용되고 있다. 어느 정도 유사한 목적을 가지고 진행되는 1차 산업에 대한 블록체인 프로젝트와 달리 서비스업 및 첨단산업에 적용되고 있는 블록체인 프로젝트는 목적 자체도 매우 다양하다.

뷔마나(VIMANA)는 자율 주행 비행체의 비행 항로를 블록체인상으로 관리하는 플랫폼(Airspace management Platform)을 공개했다. 자율 주행 비행체의 비행 경로는 각 블록에 기록된다. 각각의 비행체는 블록체인을 통해 모든 비행체의 비행경로를 파악할 수 있게 하며, 중앙관제 시스템이 없는 자율 주행이 가능하게 된다. 뷔마나는 자동차의 수리내역 및 사고내역에 대한 정보를 블록체인에 기록하며 신뢰가능한 중고차 거래를 목표로 한다.

다양한 분야에서 블록체인 비즈니스 모델이 등장하는 가운데, 지하경제에도 블록체인이 사용되고 있다. 블록체인은 원장의 분산을 통해 거래 기록의 신뢰성을 확보할 수 있다. 상호 간의 거래에 대한 신뢰는 도박이 성립하기 위한 첫 번째 전제조건이다. 즉 블록체인이 도박산업에 적용된다면 이론적으로 승패에 따른 결재가 확실하며, 속임수가 불가능한 완전무결한 도박장이 가능하다. 실제로 다오카지노(Dao.Casino), 엣지리스(Edgeless), 펀페어(Funfair) 등 수많은 카지노 관련 블록체인 프로젝트들이 생겨나고 있다.

# ICO 열풍은
# 지속된다

2016년 이후 ICO 열풍이 거세지고 있다. 비록 대부분의 ICO가 실패하고 있지만, 블록체인 산업 발전을 위한 필수 과정이라 판단한다.

블록체인을 통한 신규 비즈니스 모델이 등장하며 ICO(Initial Coin Offering)란 단어가 많이 언급되고 있다. 실제 암호화폐 투자를 하고 있는 투자자들은 ICO 투자에 대해서도 많이 들어봤을 것이다.

현재 ICO는 암호화폐 시장에서 가장 핫한 트렌드 중 하나다. 성공한 ICO에 참여할 경우 어떤 투자수단과도 비교할 수 없을 만큼의 큰 투자수익을 얻을 수 있다. 반면 그만큼 사기도 빈번한 분야도 ICO다. 또한 앞서 소개한 다양한 블록체인 프로젝트 수행을 가능하게 하는 것도 ICO다.

2016년부터 급속도로 성장한 ICO 시장은 매년 큰 폭의 증가를 기록하고 있다. 스타트업 위주의 ICO는 중견기업의 참여도 많아지고 있으며, 매달 수십 건의 ICO가 올라오는 상황이다. 아마도 한 번쯤은 '2009년 비트코인 가격이 1달러 수준일 때 사두었다면 얼마나 좋았을까?'란 생각을 한 적이 있을 것이다. ICO는 상상을 현실로 만드는 가능성을 가지고 있다. 실제로 이더리움은 2014년 ICO 당시 토큰 하나당 0.31달러에 판매되었다. 현재 이더리움은 약 900달러에 거래되고 있으니 그야말로 대박인 것이다.

제2의 이더리움을 기대하는 많은 투자자들이 ICO에 참여한다. 그리고 이를 노리는 ICO 사기도 빈번히 발생한다. 아직 법적 테두리에 들어가지 못한 암호화폐 특성상 ICO 투자에 대한 법적 보호장치도 없다. 때문에 ICO에 대한 각 국의 규제도 생겨나고 있다. 리플의 CEO인 브래드 갈링하우스(Brad Garlinghouse)는 "2018년은 ICO의 종말의 해가 될 것"이라 고 밝혔다. 현재 대부분의 ICO는 사기이며, 법적 규제가 시작되면 ICO 사기에 따른 법적 제제로 블록체인 생태계에 충격이 발생할 수 있다는 경고다.

말도 많고 탈도 많은 ICO 시장이지만 분명한 것은 이더리움도 ICO를 통해 탄생했고 리플 또한 ICO를 통해 탄생했다는 것이다. 이와 같은 암호화폐들도 아직 기술적 한계점이 많은 만큼 블록체인 기술 발전에 따른 제2의 이더리움이 ICO로 탄생할 수 있다는 점은 누구도 부인하지 못할 것이다.


## ICO란
## 무엇인가?


ICO란 Initial Coin Offering의 약자다. 해석하자면 암호화폐 공개. 말 그대로 암호화폐를 신규 발행, 판매해 자금을 조달하는 것이다. 블록체인 프로젝트 개발에 앞서 ICO를 통해 개발자는 개발자금을 조달받는 것이다. 투자자는 첫 발행되는 암호화폐를 지급받을 수 있다. 마치 주식시장의 IPO(Initial Public Offering)나 크라우드 펀딩(crowd funding)과 유사한 개념이다. 다만 IPO나 크라우드 펀딩을 위해 필요한 여러 법적 요건이 ICO에는 없다. 즉 ICO에 대한 어떠한 자격요건도 없기에 누구나 ICO를 통한 블록체인 프로젝트 진행이 가능하다. 아이디어 하나만으로 블록체인 프로젝트를 진행할 수 있는 것이다.

최초의 ICO는 마스터코인(mastercoin)을 통해 시작되었다. 2013년 토큰 판매만으로 50만 달러 규모의 자금을 모은 마스터코인은 현재 옴니(omni)로 이름을 변경해 거래되고 있다.

**ICO 진행 과정**

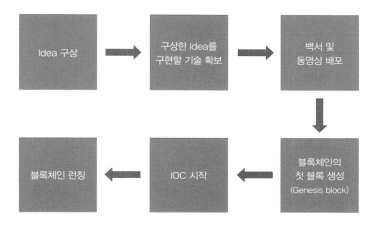

현재 시가총액은 2,129만 달러로 암호화폐 시가총액 331위를 기록 중이다. 마스터코인 이후 다양한 ICO가 진행되었고, 2014년 암호화폐의 지각변동을 일으킨 이더리움의 ICO가 진행되었다. 마스터코인 프로젝트의 일원이었던 러시아 출신의 비탈릭 부테린(Vitalik Buterin) 주도로 개발된 이더리움은 2014년 ICO를 통해 약 1,800만 달러에 달하는 어마어마한 규모의 자금을 모집했다.

이더리움 이후 ICO 시장은 급변했다. ICO를 진행한 블록체인 프로젝트는 2015년 11개, 2016년 24개, 2017년 211개로 급속히 증가했으며, 2017년에는 38.8억 달러에 달하는 자금이 ICO에 몰렸다. 2016년 총 9,500만 달러의 자금이 모인 것을 감안한다면 어마어마한 증가세가 아닐 수 없다. 2018년에도 ICO 열풍은 지속되고 있으며, 2018년 2월까지 48개의 프로젝트에 대한 ICO가 진행 중이다.

그렇다면 ICO는 어떻게 진행될까? 우선 블록체인 프로젝트의 핵심이 되는 아이디어가 필요하다. 그리고 아이디어를 블록체인상에 구현할 기술을 확보하고, 해당 프로젝트에 대한 구체적인 아이디어를 기록한 백서(white paper)와 이해를 돕는 유투브 동영상을 배포한다. 이어 해당 블록체인의 제네시스 블록을 생성하고, 일반 대중에게 ICO를 시작하게 된다. ICO가 시작되면 대중은 현금 또는 기존에 발행되어 있는 타 암호화폐(보통 비트코인 혹은 이더리움을 사용)로 해당 프로젝트의 토큰을 받게 된다. 이 토큰은 교환권 같은 개념으로 향후 프로젝트 완성 시, 보유 토큰 수에 따라 해당 블록체인의 암호화폐로 교환 받는다.


글로벌
ICO 현황


2017년 한해 38.8억 달러의 자금이 몰리며 블록체인 생태계는 전환점을 맞이하고 있다. ICO를 통해 자금력이 약한 중소

업체 및 스타트업은 중앙집중식 중개가 필요 없는 블록체인을 통해 대규모 투자 없이 아이디어를 통한 비즈니스가 가능하다. 또한 탈중앙화를 통해 기존에 시도하지 못했던 비즈니스를 구현할 수도 있다.

최초의 ICO였던 마스터코인 이후, 블록체인 플랫폼에 대한 아이디어가 나오며 블록체인 플랫폼을 표방하는 대형 프로젝트들의 ICO가 이어졌다. 이더리움은 1,800만 달러의 자금을 모집했으며, 이오스는 2017년 6월 ICO를 시작해 약 1년간에 걸친 ICO를 현재까지 진행 중이다. 퀀텀은 2017년 3월 ICO 시작 5일 만에 1,500만 달러를 모집했다. 또한 3세대 블록체인을 표방하는 테조스는 무려 2억 3,200만 달러 규모의 ICO를 성공적으로 완료했다.

이러한 블록체인 플랫폼을 제공하는 프로젝트가 다수 등장하며 블록체인 프로젝트는 적용 가능한 모든 분야로 확산되고 있다. 특히 이더리움은 완성도 높은 블록체인 플랫폼을 통해 개발자들이 더욱 쉽게 블록체인 프로젝트를 제작하고 많은 사용자를 확보할 수 있는 기반을 제공하고 있다. 이오스와 테조스, 퀀텀 또한 다양한 신규 블록체인 프로젝트 등장에 큰 기여를 할 것으로 전망한다.

초기 ICO가 대형 블록체인 플랫폼 위주의 트렌드였다면, 2018년은 이러한 플랫폼을 바탕으로 한 모든 분야로 확장될 것이다. 2018년에 농업에서부터 첨단산업, 금융업에서부터 제조업에 이르기까지 전 산업에 걸친 블록체인 신 비즈니스 모델이 등장하고 있다.

실제로 2016년 금액기준으로 전체 ICO의 44.6%가 플랫폼 프로젝트였으나, 2017년 27.3%로 비중이 줄어들었다. 반면 2017년에는 예술, AI, 부동산, 에너지, 엔터테인먼트, SNS, 법률, 여행, 운송, 취업에 이르기까지 ICO의 영역이 다양해졌다. 2018년 이후의 ICO 시장은 상상하는 모든 것이 '블록체인화'로 진행될 것이다.

2018년은 이더리움, 이오스 등 블록체인 플랫폼이 자리를 잡으며 플랫폼을 통한 ICO가 더욱 증가할 것으로 기대된다. 2015~2017년이 블록체인 생태계의 땅을 다지는 시기였다면, 2018년은 블록체인 기반의 신 비즈니스 모델의 씨앗을 뿌리는 시기가 될 것으로 전망한다.

얼마나 많은 씨앗이 발아할지는 지켜봐야 하겠지만, 살아남아 싹을 틔우는 씨앗은 보석이 될 것이다. 2000년 닷컴버블 당시 탄생한 수많은 기업 중 남아있는 기업은 소수지만 살아남은 기업은 글로벌 일류 기업으로 발전한 것처럼 말이다.

## 2017년 IOC 분야별 비중

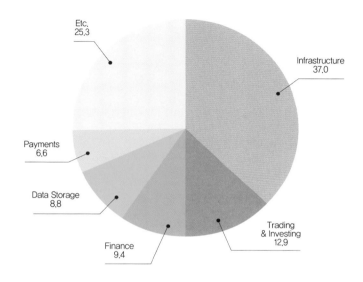

- Etc.
  25.3
- Infrastructure
  37.0
- Payments
  6.6
- Data Storage
  8.8
- Finance
  9.4
- Trading
  & Investing
  12.9

## 2016년 IOC 분야별 비중

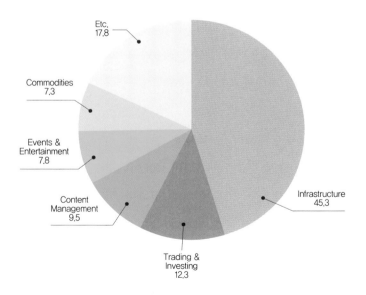

- Etc.
  17.8
- Commodities
  7.3
- Events &
  Entertainment
  7.8
- Content
  Management
  9.5
- Trading &
  Investing
  12.3
- Infrastructure
  45.3

# 국가별
# ICO 규제 현황

급속히 늘어나는 ICO 시장은 블록체인 기술의 발전과 탈중앙화의 확산이란 점에서 긍정적이다. 하지만 놀랄만큼 빠른 속도로 성장하는 ICO 시장과 더불어 ICO에 대한 우려도 커지고 있다.

ICO는 과거 2000년 닷컴버블을 뛰어넘는 과열현상을 보이고 있으며, 실체가 명확하지 않은 ICO 사기 또한 많이 생겨나고 있다. 아직 법의 테두리에 들어가지 못하고 있는 ICO는 IPO 및 크라우드 펀딩과 다르게 법적으로 보호받지 못한다. 실제로 ICO로 자금을 모집한 후 잠적하는 이른바 스캠 코인 피해자가 크게 증가하고 있다.

아직 암호화폐에 대한 법적인 규정이 명확하지 않은 상황에서 ICO 시장 확대와 ICO 사기 피해 증가는 각 정부의 골칫거리이다. 현재 각 국가별 ICO에 대한 입장은 규제와 법제화로 갈린다. 규제와 법제화 둘 다 법의 테두리 내에서 ICO를 관리함으로써 시장을 컨트롤하는 것이 목표이다.

중국이 가장 먼저 ICO에 대한 규제를 시작했다. 2017년 8월 ICO 전면금지를 통해 위안화 및 암호화폐를 통한 자금모집 자체를 금지했다. 한달 뒤 2017년 9월 대한민국 정부도 규

**국가별 ICO 규제 현황**

| 미국 | 2017년 7월 미국 증권거래위원회(SEC) 또한 ICO를 통한 토큰 발행을 증권법상 증권 발행으로 간주해 증권법 규제를 적용하기로 결정 |
|---|---|
| 러시아 | 2018년 1월 러시아 연방 재무부 '디지털 자산 규제법' 초안을 발표. ICO 진행 시 법적 문서 제출 의무화 |
| 중국 | 2017년 8월 ICO 전면금지 |
| 대한민국 | 2017년 9월 ICO 전면금지 |
| 일본 | 2017년 10월 ICO에 대해 주의할 것을 투자자들에게 권고. 법제화 준비 중 |

제에 동참했는데, 증권 발행 형식으로 암호화폐를 통한 자금조달 행위를 자본시장법 위반으로 간주했다.

2017년 7월 미국 증권거래위원회(SEC) 또한 ICO를 통한 토큰 발행을 증권법상 증권 발행으로 간주해 증권법 규제를 적용하기로 했다. 이에 따라 법적인 요건을 만족하는 참여자만이 ICO에 참여할 수 있게 되었다. 최근 진행된 파일코인(Filecoin)의 경우 증권거래위원회(SEC)의 요건을 만족시키며 진행된 첫 블록체인 프로젝트이다.

러시아도 ICO 법제화를 준비 중이다. 2018년 1월 러시아 연방 재무부는 '디지털 자산 규제법' 초안을 발표했다. 해당 법안은 ICO 진행시 법적 문서를 제출해야 하며, ICO 참여자의 경우 라이선스가 필요하고, 라이선스가 없을 경우 투자금에 제한을 두는 내용을 포함하고 있다.

암호화폐 관련 규제가 매우 약한 일본도 ICO에 대해서는 법제화 후 규제에 대해 검토 중이다. 일본 금융청은 2017년 10월 ICO에 대해 주의할 것을 투자자들에게 권고했으며, 현재 ICO에 대한 규제를 검토 중에 있다.

전세계적으로 ICO에 대해서는 법제화 후 규제의 움직임이 빠르게 진행 중이다. 각국 정부는 ICO가 열풍만큼 위험도도 높다고 판단하고 있으며, 전문가들도 ICO에 대한 전면 규제는 블록체인 기술발달에 부정적인 영향을 미칠 것이라고 보고 있다. 하지만 법제화 및 규제가 ICO의 자정역할을 하며 블록체인 생태계의 올바른 성장을 만들 수 있을 것이다.

지금과 같이 무차별적인 ICO로 인해 진정 발전 가능성이 높은 블록체인 프로젝트들이 주목 받지 못하는 경우가 많다. 규제와 법제화를 통해 걸러진 우수한 프로젝트들이 성공하며 블록체인 기술 발전의 기반이 되길 바란다.

# ICO의
# 위험요소

성공한 ICO는 높은 수익률을 기록하고 있지만, 그만큼 실패사례가 많다. 때문에 ICO의
위험요소에 대한 파악은 필수다.

성공한 ICO 사례를 보면, 누구나 지금이라도 ICO에 참여하고 싶을 것이다. 이더리움의 데뷔 이후 수익률을 보면 눈이 뒤집어진다. 3천 배 넘게 상승한 이더리움의 사례는 ICO 대박의 꿈을 놓지 못하게 한다.

하지만 성공적인 ICO는 전체 프로젝트의 극히 일부에 불과하다. 2017년 진행된 약 900건의 ICO 중 자금조달 후 실패한 프로젝트가 276건, 조달 전 실패한 프로젝트가 142건에 달한다. ICO 이후 상장된 암호화폐의 50%는 시가총액이 100만

달러에도 미치지 못하고 있다. 심지어 하위 30%는 20만 달러도 되지 않는 상황이다. 언제 상장 폐지될지 걱정되는 암호화폐도 수두룩하다.

따라서 ICO 투자에 앞서 반드시 ICO 투자에 대한 리스크 요인을 살펴봐야 한다.

우선 ICO를 하는 목적은 단 하나, 자금모집이다. 개발자가 가진 아이디어를 블록체인으로 구현하기 위한 자금을 모집하는 것이다. ICO의 대상은 주식시장의 IPO 같이 이미 실체가 존재하는 회사가 아니다. 단순히 아이디어일 뿐이며 백서에서 제시한 대로 개발되지 않으면 지급받은 토큰은 아무런 가치가 없다. 심지어 ICO 이후 개발진들이 개발을 포기하더라도 투자금을 회수받을 어떠한 법적 근거도 없다.

또한 프로젝트 개발이 진행되더라도 토큰의 가치가 오르는 것을 보장할 수 없다. 성실하고 능력 있는 개발진들이 당신의 투자금을 토대로 프로젝트를 성공적으로 런칭하더라도 당신이 보유한 토큰의 가치가 오를 것이라 단정할 수 없다.

프로젝트가 완성되고 암호화폐가 거래소에 성공적으로 상장된 이후에도 험난한 과정이 기다린다. 목적한 바와 같은 블록체인의 역할을 수행하기 위해 자연스럽게 참여자를 끌어 모아야 하며 무엇보다 목적한 대로 작동해야 한다. 또한 계속되는 블록체인 기술발전 속도에 맞춰 개량이 필요하다.

현재 전세계적으로 1,500개가 넘는 암호화폐가 존재한다. 그리고 매년 200개가 넘는 프로젝트가 진행된다. 이같이 수많은 암호화폐 중 당신의 ICO가 성공할 가능성에 대해 객관적인 판단이 필요하다. 다음 3가지는 ICO가 피할 수 없는 필수 위험요소다.

첫째, 프로젝트가 문제 없이 수행될 것인가? 둘째, 개발 이후 성공적으로 참여자(노드)를 확보하며 작동할 것인가? 셋째, 기술진의 지속적인 기술개발이 보장되는가?

아직까지 많은 사람들은 암호화폐에 대한 투자에 집중한다. 하지만 블록체인에 대한 올바른 이해를 바탕으로 시야를 넓히면 다양한 투자방법이 존재한다. 모든 투자에는 기대수익률이 있기 마련이며, 암호화폐 혹은 블록체인에 대한 투자도 마찬가지다. 시야를 넓혀 블록체인에 대한 다양한 투자에 대해 고민해보자. 각각의 기대수익률과 리스크에 대해 고민함으로써 성향에 맞는 투자처를 찾을 수 있다.

# 비트코인 투자 vs.
# 블록체인 투자

# 비트코인에 투자할 것인가,
# 블록체인에 투자할 것인가?

암호화폐에 대한 투자는 블록체인 기술에 대한 투자이다. 하지만 블록체인에 대한 투자는 암호화폐에 대한 직접투자만을 뜻하지는 않는다. 거래소에 가입해 비트코인을 매수하는 것만이 블록체인에 대한 투자가 아닌 것이다.

2017년 뜨겁게 달아오른 비트코인 투자 열풍은 이제 블록체인 전반에 걸친 투자 열풍으로 옮겨갈 태세다. 주식시장에서는 블록체인 관련 기업의 주가는 급등하고 있으며, 글로벌 기업들의 블록체인 투자가 봇물 터지듯 일어나고 있다. 국가차원의 투자도 경쟁적으로 진행 중이다. 심지어 에스토니아는 전자 시민권을 발행하며 블록체인 투자를 유치하고 국가 차원의 암호화폐 프로젝트를 준비 중에 있다.

블록체인에 대한 기업과 국가의 전방위적인 투자가 진행되는 가운데 개인 투자자들의 관심은 암호화폐에 집중되어 있다. 물론 암호화폐에 대한 투자는 블록체인 기술에 대한 투자이다. 하지만 블록체인에 대한 투자는 암호화폐에 대한 직접투자만을 뜻하지는 않는다. 거래소에 가입해 비트코인을 매수하는 것만이 블록체인에 대한 투자가 아닌 것이다.

블록체인에 대한 올바른 이해를 바탕으로 시야를 넓히면 다양한 투자방법이 존재한다. 이미 블록체인을 통한 비즈니스 모델을 접목중인 기업의 주가는 대폭 상승했다. 암호화폐 거래소의 경우 암호화폐 거래량 급증에 따라 천문학적인 돈을 벌고 있다. 2017년 12월 이후, 암호화폐 수익률과 거래소 관련 기업의 주가 수익률을 비교하면 후자가 더욱 큰 수익률을 기록하고 있음을 알 수 있다.

또한 직접 블록체인 프로젝트에 참여함으로써 수익을 가져가는 방법도 있다. 스팀잇(Steemit)을 통해 자신의 지식을 암호화폐로 바꿀 수도 있으며, 디지바이트(Digibite)를 통해 컴퓨터 게임을 하며 얻은 보상을 암호화폐로 바꿀 수도 있다. 음악에 소질이 있다면 뮤지코인(MUSIcoin)을 통해 자신의 음악을 블록체인 상에 등록해 판매할 수도 있다. 이와 같이 블록체인을 통한 재테크는 단순한 투자 수익이 아닌 무형 자산의 유형 자산화가 가능하다.

모든 투자에는 기대수익률이 있기 마련이다. 암호화폐 혹은 블록체인에 대한 투자도 마찬가지다. 이번 장에서는 암호화폐에 대한 직접투자, 블록체인 비즈니스를 영위하는 기업에 대한 투자, 블록체인 시스템에 대한 직접적인 참여 등 다양한 투자 방법을 소개할 것이다. 그리고 각 투자방법에 대한 기대수익률과 리스크에 대해 고민함으로써 성향에 맞는 투자처를 찾을 수 있을 것이다.

## 암호화폐를
## 보는 관점

사용할 목적이 아닌, 투자 목적으로 암호화폐를 구입하는 것은 달러를 구입하는 것과는 전혀 다른 개념이다. 시세차익을 노리고 암호화폐나 달러를 산다는 것은 가치 상승에 배팅한다는 점에서 동일하지만, 암호화폐를 사는 것은 해당 블록체인의 기술에 투자하는 것을 의미한다. 즉 단순한 화폐 가치 상승이 아니라 해당 블록체인 기술 가치 상승에 투자하는 것이다.

물론 암호화폐는 블록체인상에서 화폐의 역할을 일부 수행한다. 하지만 암호화폐의 가치를 결정짓는 요인은 기존 화폐의 가치를 결정짓는 요인과 전혀 다르다. 수많은 암호화폐는 각자의 목적을 가지고 태어나며, 이러한 목적을 얼마나 잘 수행하며 미래 가치가 기대되느냐에 따라 가격이 결정된다. 다시 말해 암호화폐를 구입한다는 것은 그 암호화폐의 블록체인에 투자하는 것과 동일하다.

이제 암호화폐에 대한 투자에 있어 한 가지 고정관념을 버려야 한다. 바로 화폐에 대한 투자와 전혀 다르다는 것이다. 기존 화폐의 가치상승은 기본적으로 해당 국가의 가치상승에 기인한다. 경제 발달에 따라 가치가 상승하며, 국가 위기가 도래할 경우 화폐가치는 하락한다. 또한 화폐가치의 움직임은 국가 경제에 큰 영향을 미치고, 환율 또한 전세계의 경제 상황 및 정치 상황도 엮인다.

하지만 암호화폐는 비교적 단순하다. 암호화폐의 가격은 암호화폐 규제 같은 매우 특별한 외부변수를 제외한다면, 내부변수인 자신의 블록체인 시스템의 가치에 연동된다. 따라서 암호화폐에 대한 투자는 높은 위험성과 높은 수익률을 동반한다. 해당 블록체인 기술이 영역을 확장하고 많은 참여자(노드)가 생김에 따라 암호화폐의 가치는 상승하지만, 참여자가 감소하고 기술이 뒤처지면 가치는 급격히 하락하기 때문이다.

현재 거래 가능한 약 1,500개의 암호화폐들은 모두 각자의 블록체인 비즈니스 모델을 보유하고 있다. 이러한 암호화폐 각각에 대한 투자는 우리가 달러를 살 것인지, 엔화를 살 것인지

고민하는 차원이 아니다.

따라서 암호화폐에 대한 투자는 기존화폐에 대해 투자하는 개념보다 오히려 개별 기업에 투자하는 주식투자와 유사하다. 기업에 대한 주식투자는 미래 기업가치에 대한 투자이다. 기업이 미래에 벌어들일 수 있는 재화에 대해 예측함으로써 해당 기업의 미래가치를 추정한다. 암호화폐에 대한 투자도 블록체인의 미래가치에 대해 예측함으로써 해당 암호화폐의 미래가치를 추정한다는 점에서 동일하다. 즉 암호화폐에 대한 성공적인 투자를 위해서는 화폐의 관점이 아닌 블록체인 기술에 대한 관점으로 접근이 중요하다.


## 달러, 애플 주식, 아이폰 중 무엇을 살 것인가?

전통적인 투자수단과 비교하면 암호화폐에 대한 투자 혹은 블록체인에 대한 투자는 매우 다양한 방법을 제시한다. 심지어 블록체인에 직접 참여하는 재테크도 가능하다. 또한 소액 투자 시 효과가 크다.

2017년 비트코인 열풍의 영향으로 많은 사람이 대박을 노리고 거액의 금액 혹은 레버리지를 사용한 투자로 피해를 입었다. 하지만 암호화폐에 대한 투자만큼 소액 투자가 효과적인 분야는 없다. 투자금액의 최소 허들이 없으며, 낮은 수수료와 높은 유동성이 유지된다. 게다가 높은 위험도에 비례한 높은 수익률을 기대할 수 있다.

전통적인 투자수단과 비교하면 암호화폐(혹은 블록체인)에 대한 투자의 장점은 크게 부각된다.

애플과 아이폰의 성공을 예로 들어보자. 아이폰은 스마트폰 이란 개념을 정립하며 전세계적으로 많은 수익을 내고 애플의 기업가치도 천문학적인 상승을 기록했다. 아이폰에 부품을 납품하는 기업의 가치도 대폭 상승했다. 아이폰을 조립하는 팍스콘도 엄청난 성장을 이루었다. 하지만 대부분의 아이폰 사용자들은 아이폰에 대해 투자를 하지 못했다. 개인이 애플 주식을 매입해 수익을 얻는 것도 어려울 뿐 아니라, 아이폰에 부품을 납품하는 것은 불가능한 일이다.

중앙집중화된 전통산업에서는 정보의 중앙집중화가 필연적이며, 따라서 투자도 중앙집중화된다. 이러한 상황에서 각 개인의 투자는 제한적일 수 밖에 없다. 이는 우리나라에서 가장 사랑받고 성공적인 재테크가 부동산이 될 수밖에 없는 이유 중 하나이다. 예금, 적금, 펀드를 제외하고 개인이 실질적으로 투자할 수 있는 투자의 허들은 부동산이다.

하지만 블록체인, 암호화폐의 등장은 정보의 탈중앙화를 통

## 2017년 Top 10 ICO 프로젝트 및 모집 금액

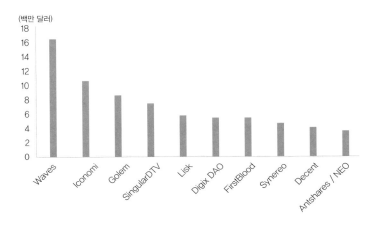

## 2016년 Top 10 ICO 프로젝트 및 모집 금액

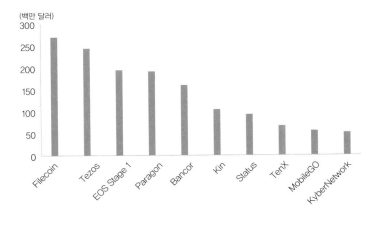

해 모든 이에게 동등한 투자의 기회를 제시할 수 있다. 탈중앙화된 블록체인 상에서는 암호화폐 매매를 통한 투자뿐이 아닌, 실제 블록체인 상에서 아이폰 부품을 공급하는 역할을 당신이 할 수도 있다.

또한 블록체인 플랫폼의 발달은 아이디어만 가지고 블록체인 비즈니스를 영위할 수 있는 길을 열고 있다. 블록체인 플랫폼과 전문 툴을 통해 전문 개발자 수준의 코딩능력 없이도 획기적인 아이디어를 통한 자신만의 블록체인 비즈니스를 구축하는 길이 열리는 것이다.

# 암호화폐 직접투자의 리스크 요인

암호화폐에 대한 직접투자는 암호화폐, 블록체인의 기술적 발전과는 별개의 문제이다. 투자의 목적은 이익창출이다. 따라서 투자수단의 리스크 요인에 대해 명확히 이해하는 것이 필요하다.

이번엔 암호화폐에 대한 부정적인 이야기를 풀어보려 한다. 과연 암호화폐의 앞길엔 꽃길만 가득할까? 블록체인과 암호화폐의 무궁무진한 가능성에 대해서는 앞장에서도 언급했으며 언론을 통해서 많이 접할 수 있을 것이다.

하지만 암호화폐의 위험성에 대해 정확히 파악하고 있는 경우가 많지 않다. 특히 암호화폐에 대한 직접투자는 높은 위험성을 보유한다.

일단 암호화폐는 세상 모든 투자수단을 통틀어도 상위에 기록될 만큼의 높은 변동성을 가진다. 변동성이 높다는 말은 그만큼 위험하다는 뜻이다. 또한 높은 변동성 때문에 화폐의 역할을 수행하기 힘들다.

또한 암호화폐는 화폐 가치에 대한 본질적인 의문이 제기된다. 암호화폐의 가치는 국가나 중앙기관이 보증하지 않는다. 암호화폐는 블록체인을 구성하는 커뮤니티가 보증하는 가치에 따라 화폐로서의 가치를 가진다. 하지만 다수의 사용자가 블록체인에서 이탈하게 되는 순간 암호화폐의 가치를 보증하는 커뮤니티는 와해될 수 있다.

기술적 한계도 암호화폐의 위험요소다. 비트코인은 이미 속도와 용량, 수수료 문제로 기술적 한계에 직면했다. 이를 극복한 2세대·3세대 암호화폐가 등장하고 있지만, 이러한 문제를 완전히 해결한 것은 아니다.

암호화폐와 블록체인은 높은 가능성을 가지고 있다. 머지 않아 미래에 많은 부분이 블록체인으로 대체되고 암호화폐는 다양한 분야에 쓰일 것이다. 하지만 암호화폐에 대한 직접투자는 이러한 미래와는 별개의 문제다. 투자의 목적은 이익창출이다. 따라서 투자수단의 리스크 요인에 대해 명확히 이해하는 것이 필요하다.

# 암호화폐의
# 높은 변동성

현재 암호화폐는 어떤 투자 상품과 비교해도 상당히 높은 변동성을 보유하고 있다. 특히 비트코인의 변동성에 대한 우려는 계속해서 제기되고 있는 문제이다. 블록체인을 통한 다양한 모델을 보유한 2세대 암호화폐(알트코인)와는 달리, 비트코인과 같은 1세대 암호화폐들의 역할은 화폐이다.

　비트코인이 '나카모토 사토시'가 꿈꿨던 탈중앙화된 화폐의 역할을 하기 위해서는 이러한 높은 변동성이 해결되어야 한다.

**비트코인의 극심한 변동성(5분봉 차트)**

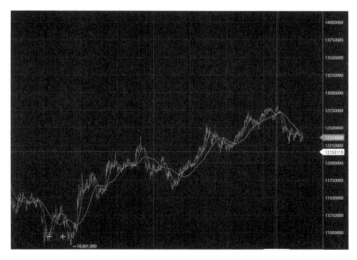

기본적으로 화폐가 제 역할을 하기 위해서는 화폐가치에 대한 안정성을 확보해야 한다. 화폐가치의 상승(디플레이션, Deflation)과 하락(인플레이션, Inflation)은 경제 시스템에 큰 영향을 미친다. 그런데 하루에도 30% 이상씩 변동을 보이는 암호화폐가 과연 화폐의 역할을 할 수 있을까?

1만 원짜리 콤비네이션 피자를 비트코인을 이용해 주문을 하는 상황을 예로 들어보자. 소비자는 피자를 주문하며 대략 0.001BTC에 해당하는 비트코인을 피자가게에 지급한다. 피자가게는 0.001BTC를 받고 피자를 배달한다. 주문 후 배달까지 30분이 걸렸다. 운이 없게도 30분 동안 비트코인 가격이 10% 하락하며 피자가게는 열심히 영업을 하며 0.0001BTC를 손해 봤다. 하지만 다음날 비트코인 가격은 다시 10% 상승했다. 이제 피자가게는 오늘치 피자 재료를 10% 비싼 가격에 재료를 매입해야만 한다. 암호화폐가 온전히 화폐를 대신하기 위해서는 이러한 변동성 문제가 해결되어야만 한다.

1929년 10월 뉴욕 주식시장의 주가폭락을 계기로 시작된 대공황은 달러의 극심한 디플레이션으로부터 발생한 사례다. 자산 거품 붕괴 등 복합적 요인으로부터 발생한 달러가치 폭등은 대규모 파산, 실직자 증가로 이어지며 전세계적인 불황을 발생시켰다.

탈중앙화된 화폐인 비트코인의 변동성이 안정되는 것은 쉽지 않아 보인다. 비트코인이 블록체인을 통한 화폐의 개념을 제시하며 블록체인 기술 발전에 큰 기여를 한 것은 사실이나, 온전한 화폐의 역할을 수행하기엔 변동성을 포함한 여러 한계가 존재한다. 물론 이 때문에 비트코인이 망한다는 의미는 아니다. 오히려 다른 블록체인에 접근하기 위한 블록체인 계의 기축통화 역할로 발전할 가능성이 크다.

## 화폐로서의
## 가치에 대한 의문

많은 경제학자가 비트코인을 비롯한 여러 암호화폐에 대해 화폐로서의 가치가 있는지 의문을 제시한다. 암호화폐도 수요에 따른 가격상승이 생겨서 버블이 끼겠지만, 원래 본질 가치가 없는 상품이니 빠른 속도로 가격이 하락해 버블 붕괴로 이어질 수 있다. 이러한 의문을 판단하기 위해서는 기존 화폐와의 비교가 필요하다.

지금 존재하는 화폐의 가치는 어떻게 측정되는가? 주머니에 들어 있는 1만 원은 그 종이 자체로 어떠한 본질가치가 있을까? 종잇조각에 불과한 화폐의 본질가치는 분명히 0이다. 다만 현대의 화폐는 국가의 보증에 따라 일정한 가치가 부여된다. 즉 화폐는 강력한 지위를 가진 것에 의한 가치 부여, 보증에 의해 화폐의 가치를 가진다.

다시 암호화폐의 본질가치 문제로 돌아와보자. 암호화폐는 블록체인상 연결된 사용자들에 의해 가치가 산정된다. 암호화폐 보유자들은 서로가 보유한 암호화폐에 대해 신뢰를 보증하며, 블록체인은 암호화폐에 가치를 부여한다. 이 과정은 암호화폐 보유자, 사용자의 증가, 화폐 사용에 따라 자동적으로 화폐의 가치가 부여되며 이는 다시 사용자의 증가로 이어진다. 모든 거래 기록에 대한 신뢰가 가능한 블록체인상에서 이러한 화폐의 가치는 의심받지 않고 유지되며, 암호화폐는 블록체인으로부터 보증된 가치를 가지게 되는 것이다.

이는 매우 이상적으로 들릴 수 있다. 다수의 사용자로 구성된 커뮤니티는 자연적으로 암호화폐를 사용하며 보증된 가치를 부여하고, 이를 통해 새로운 사용자가 진입해서 커뮤니티가 강화된다. 하지만 이러한 커뮤니티 기반의 보증은 근본적인 약점이 존재한다.

암호화폐의 가치보증에 대한 문제는 새로운 사용자(노드)의 진입이 필요하다는 점이다. 현재 암호화폐에 신규로 접근하는 사용자들의 목적은 사용이 아닌 투자의 목적이 강하다. 투자의 행위는 해당 상품의 미래가치 상승을 기대하기 때문이다. 다시 말해 미래가치 상승에 대한 기대가 줄어들면 줄어들수록 신규 진입 사용자는 줄어들게 된다. 또한 미래가치 하락이 예견될 경우 기존 사용자들의 이탈이 발생하게 된다. 이는 커뮤니티 기반의 가치 보증에 큰 문제를 야기할 수 있다.


## 비트코인의
## 한계


사실 비트코인의 한계는 명확하다. 블록체인이란 신기술을 사용하는 비트코인의 한계는 아니러니하게도 블록체인의 기술적인 문제이다. 모든 거래 기록을 모든 노드에 기록해야 하는 블록체인의 특성상 노드의 증가와 거래량의 증가에 따른 블록체인의 트래픽 증가는 필연적이다.

게다가 비트코인은 POW 방식의 합의 알고리즘을 사용하기 때문에 채굴 난이도 상승에 따른 채굴비용 상승 문제가 발생한다. 채굴에 필요한 전기 에너지는 1년에 22.5TWh에 달하며 이는 채산성의 문제뿐 아니라 심각한 환경 문제까지 초래하고 있다. 이러한 채산성의 문제를 제외하더라도 비트코인은 태생적으로 몇 가지 한계를 가진다.

비트코인의 첫 번째 한계는 느린 처리 속도이다. 비트코인은 애초에 빠른 처리 속도를 보유할 수 없는 구조로 설계되었다.

비트코인은 시스템상 10분에 1MB 크기의 블록을 생성하도록 설계되어 많은 거래정보를 저장할 수 없다. 때문에 비트코인의 블록체인은 초당 약 7건의 거래를 처리할 수 있으며, 하루에 처리할 수 있는 거래량은 60만~70만 건 밖에 되지 않는다.

현재 전세계에서 가장 빠른 거래처리 능력을 갖춘 시스템은 비자카드의 결제 시스템이며 초당 5.6만 개의 거래를 처리할 수 있다. 비자의 시스템과 비교한다면 비트코인의 결제속도는 암담하다.

두 번째 한계는 비트코인 거래에 들어가는 높은 수수료이다. 기존 화폐와 다르게 비트코인은 지불자가 일정 수수료를 지불해야 한다. 수수료는 블록체인에 거래를 검증하고 기록해주는 채굴자에게 지급되며, 채굴자는 이러한 보상을 받기 위해 자신의 컴퓨팅 파워를 제공한다. 문제는 비트코인 거래가 증가하고, 가격이 상승함에 따라 수수료가 지속적으로 상승한다는 점이다. 채굴자는 높은 수수료를 제시하는 거래를 우선적으로 처리하게 되고, 낮은 수수료를 제시하는 거래는 상대적으로 느리게 처리하게 된다.

비트코인 채굴이 끝나는 시점에서는 이런 문제가 더욱 커진다. 비트코인은 총 2,100만 개의 코인이 발행된 후 발행이 멈추도록 설계되어 있다. 신규 코인 발행이 멈춘 시점에서 채굴자들에게 주어지는 보상은 '수수료'가 유일하다.

채굴자는 높은 채굴비용이 들어가는 만큼, 높은 수수료를 원하게 된다. 높은 수수료가 상관없는 고액 거래의 경우는 큰 문제가 되지 않을 수 있지만, 소액 거래의 경우 수수료가 거래금액보다 커질 수 있다. 2018년 들어서며 비트코인 거래 수수료는 건당 평균 30달러에 달하고 있다. 비트코인으로 4달러짜리 커피를 결제하려면 30달러에 달하는 수수료를 내야 하는 것이다.

## 블록체인 생태계의 확장은 알트코인으로부터 시작

1세대 암호화폐의 한계를 인식한 블록체인 개발자들은 알트코인(Altcoin)으로 불리는 2세대 암호화폐를 통해 비트코인의 한계를 해결하고자 했다.

알트코인은 비트코인의 한계인 처리속도와 수수료 문제를 어느 정도 해결하며 등장했고, 암호화폐의 가능성을 높였다. 알트코인은 1세대 암호화폐의 한계 개선뿐 아니라, 블록체인을 통한 다양한 비즈니스 구현을 시도했다.

일부 전문가들은 알트코인의 등장에도 불구하고 비트코인을 넘지는 못할 것이라 예측한다. 비트코인은 이미 1,800억 달러를 넘어서는 시가총액을 달성하며, 타 알트코인과 비교 불가능한 수준의 시장지배력을 보유하고 있다. 또한 (매우 제한적이긴 하지만) 실물과 교환 가능한 거의 유일한 암호화폐란 점에서 비트코인의 지위는 견고할 것으로 예측하는 전문가들도 존재한다.

하지만 블록체인 기술의 확장성에 주목해야 한다. 알트코인의 잠재력은 비트코인이 가진 화폐로서의 가치를 넘어선다. 비트코인은 탈중앙화된 화폐이지만, 알트코인들은 모든 것의 탈중앙화에 사용될 수 있다.

최초의 알트코인은 네임코인(Namecoin)이다. 2011년 네임코인은 도메인을 블록체인에 기록해 인터넷 검열을 피하기 위해 탄생했다. 비트코인 이후 다양한 복제코인이 등장했지만 블록체인을 활용한 서비스를 제공하는 알트코인은 네임코인이 최초였다. 네임코인은 7년이 지난 지금도 시가총액 3,940만 달러로 시가총액 236위를 기록하고 있다.

네임코인 이후 다양한 분야에 블록체인을 적용하려는 시도가 이어졌으며, 수많은 알트코인이 등장했다. 그리고 블록체인 플랫폼을 제시하는 이더리움이 등장하며 블록체인 생태계는 급변하게 되었다. 향후 블록체인 생태계는 블록체인 플랫폼을 기반으로 확장국면에 진입하고 계속해서 발전할 것이며 이를 토대로 많은 기업, 개인 개발자들의 아이디어가 블록체인으로

**블록체인 생태계 발전 방향**

구현될 것이다.

　현재 암호화폐의 가격 상승을 이끌어내는 수요는 투자 혹은 투기일 뿐 그 이상도 이하도 아니다. 결국 암호화폐의 가치를 상승시킬 요인은 해당 블록체인을 실제로 사용하는 사용자가 될 것이다. 사용자들은 알트코인의 탈중앙화된 다양한 서비스를 제공받기 위해 블록체인에 동참하게 될 것이며, 해당 암호화폐의 가치는 상승하게 될 것이다.

　투자와 투기는 어느 시점에서 멈추기 마련이다. 장기적인 성장이 가능한 암호화폐는 결국 비트코인이 아닌 알트코인이 될 가능성이 높다. 장기적으로 알트코인의 시가총액은 비트코인을 넘어서며 블록체인 기술 확산이 진행될 것으로 전망된다.

# 블록체인 재테크,
# 위험과 수익을 고려하라

기본적으로 암호화폐는 고위험 고수익의 투자 수단임을 반드시 명심해야 한다. 위험요인이 크면 클수록 투자 수익도 높으며, 안전한 투자 수단일수록 투자 수익도 낮다.

암호화폐에 투자할 때는 높은 수익에 대한 기대로 위험요인에 대해 잊는 경우가 많다. 기본적으로 암호화폐는 고위험 고수익의 투자 수단이다. 비트코인은 2009년 첫 등장 이후에 급등락을 반복하며 상승했으며, 타 암호화폐 또한 마찬가지였다. 이와 같은 높은 변동성은 높은 수익률로 이어질 수 있지만, 반대로 투자금의 큰 손실을 발생시킬 수 있다. 높은 수익률에 대한 현혹은 올바른 투자 판단을 저해한다.

따라서 투자에 앞서 위험에 대한 파악이 중요하며 위험을 고려한 투자자금 배분이 필요하다. 블록체인에 대한 투자는 암호화폐에 대한 직접투자만 있는 것이 아니다. 암호화폐 거래소에 투자를 하거나, 블록체인 관련 비즈니스를 하는 기업에 투자할 수도 있다. 암호화폐 채굴과 ICO 참여도 한 방법이다. 다양한 블록체인에 대한 투자는 각자 다른 수익률과 위험도를 보유하고 있으며, 이에 대한 파악을 통해 올바른 분산 투자가 가능하다.

소위 '대박'이 가능한 ICO에 참여하는 방법은 3천 배가 넘는 수익을 기록할 수도 있다. 하지만 현재 많은 수의 ICO는 투자금의 전부를 잃을 가능성이 높다. 비록 이더리움의 ICO가 3천 배, 이오스의 ICO가 33배의 수익률을 달성했지만, ICO 이후 개발 중단된 프로젝트도 수없이 많은 상황이다. 단, 소액 투자로 높은 수익률을 기록할 수 있다는 점은 세상 어떤 투자 수단보다 매력적이다.

블록체인 세계에서는 다양한 재테크 수단이 존재한다. 블록체인 기술의 발전은 현재 진행형이다. 기술 발전에 따라 다양한 투자수단이 계속해서 등장할 것이다. 따라서 주위의 '비트코인 대박' 같은 도시괴담에 너무 현혹될 필요는 없다. 블록체인 기술은 아직 초기 단계이며 수십 년간 발전해 나아가 무궁무진한 투자 기회를 제공할 것이다.

## 하이 리스크, 하이 리턴
## 불문율의 법칙

모든 투자행위에는 위험과 수익이 동시에 존재한다. 투자 수단의 위험과 수익은 비례한다. 위험요인이 크면 클수록 투자 수익도 높으며, 안전한 투자 수단일수록 투자 수익도 낮다.

하이 리스크(High Risk), 하이 리턴(High Return)은 투자에 있어 불문율과도 같은 법칙이다.

은행 이자와 저축은행의 이자가 차이가 나며, 적금 이자와 부동산 임대 수익률의 차이는 바로 위험과 수익의 관계에 따른 것이다. 예금을 잃게 될 가능성이 낮은 은행은 낮은 수익을 제공한다. 반면 비교적 예금 손실 가능성이 큰 저축은행의 경우 은행 대비 높은 수익을 제공한다.

실제로 2011년 상호저축은행 영업정지 사건으로 8만 2천 명의 예금자가 총 2조 8천억 원의 피해를 입었다. 저축은행이 제시하는 은행 정기예금 대비 2%p 정도 추가 수익은 바로 이러한 위험에 대한 보상인 것이다.

암호화폐 투자자들은 하이 리스크, 하이 리턴 중 하이 리턴만 고려하는 경향이 있다. 1만 달러의 비트코인이 2만 달러가 가는 것을 기대하지만, 동시에 비트코인이 5천 달러가 되는 위험은 생각하지 못한다.

**비트코인 차트**

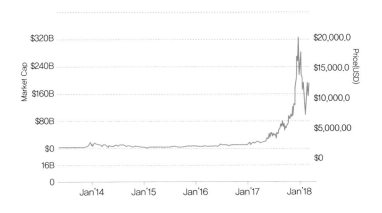

이는 올바른 투자 판단을 저해하며 자산의 올바른 투자 포트폴리오 구성을 저해한다.

2018년 초 비트코인은 두달 만에 2만 달러에서 6천 달러까지 급락했다. 투자자들은 -70%가 넘는 손실을 입었으며 패닉에 빠졌다. 정부의 규제를 탓하는 투자자도 있었으며, 손실을 비관한 자살사건까지 발생했다. 하지만 이번 하락은 암호화폐 역사상 특별한 일은 아니었다. 과거에도 폭락은 여러 번 있었으며 앞으로도 발생할 것이다. 반대로 비트코인의 폭등도 빈번했다. 즉 위험과 수익은 동시에 공존한다.

2013년 5월 비트코인은 220달러에서 60달러대로 하루 만에 폭락했다. 2014년 2월에는 암호화폐 거래소인 마운트곡스 해킹사건으로 한달 만에 800달러에서 400달러로 폭락하기도 했다. 2017년에는 40%가 넘는 단기 하락이 두 번이나 있었다. 이러한 빈번한 단기 급락을 겪었지만 결국 비트코인은 2018년 현재 1만 달러 수준까지 상승한 것이다. 암호화폐의 시세만 보더라도 이는 명확한 하이 리스크, 하이 리턴 투자 수단임을 알 수 있다.

## 블록체인 재테크, 리스크 관점에서 접근하라

앞서 투자시 많은 사람이 위험보다 수익을 고려하는 경향에 대해 이야기했다. 하지만 심리상 투자 수단의 기대 수익률이 높을수록 투자하는 데 있어 객관성을 유지한다는 것이 결코 쉽지 않다. 당장 2배의 수익이 기대되는 상품에는 빚을 내서라도 투자를 하고 싶어진다. 그렇기 때문에 투자에 앞서 위험을 파악해야 한다.

특히 암호화폐 같은 고위험 투자 수단의 경우 위험에 대한 파악이 더욱 중요하다. 블록체인에 대한 투자는 다양한 방법이 있다. 거래소를 통해 암호화폐를 직접 구매하는 것도 블록체인에 대한 투자 중 하나지만, 거래소 주식을 구매할 수도 있을 것이며, 블록체인 비즈니스를 영위하는 기업에 대한 투자도 가능하다. 또한 암호화폐를 채굴할 수도 있으며 ICO에 참여할 수도 있다. 심지어 블록체인 시스템에 직접 참여하며 암호화폐를 받을 수도 있다.

이러한 다양한 블록체인에 대한 투자는 각기 다른 위험이 내재되어 있다. 그리고 각 투자수단이 어느 정도의 위험을 보유하고 있는지 파악한다면 투자금의 적정한 비율을 나누어 투자할 수 있을 것이다.

소개한 모든 방법 중 가장 위험도가 높은 투자는 ICO(Initial Coin Offering)에 참여하는 것이다. 물론 위험이 높은 만큼 높은 수익을 얻는 것이 가능하다.

앞서 2장에서 ICO의 위험성에 대해 소개한 것과 같이 ICO는 모든 투자금을 잃을 가능성이 높다. 하지만 ICO에 성공할 경우 소위 '대박'이 가능하다. 과거 이더리움의 ICO는 3천 배가 넘는 수익률을 기록했으며, 이오스의 ICO는 33배의 수익률을 달성했다. 투자금이 제로가 될 수 있는 위험를 감안한다면 ICO에는 철저한 소액 투자가 적절하다.

암호화폐에 대한 직접투자도 상당히 높은 위험도를 보유하고 있다. 이미 지난 2018년 초에 비트코인은 두 달 동안 70%의 하락을 기록했으며, 매년 한두 번씩의 단기폭락과 폭등이 반복되고 있다.

이와 같은 높은 변동성을 가진 비트코인에 레버리지 투자를 할 경우, 비트코인이 장기적인 우상향을 기록하더라도 단기 급락에 따른 마진콜(Margin Call)을 피할 수 없다. 즉 암호화폐에 대한 투자에 있어서는 무리한 레버리지 투자는 부적합하다. 단기 급락을 견딜 수 있을 정도의 자금을 투자하는 것이 바람직할 것이다.

반면 거래소 혹은 블록체인 비즈니스를 시작하거나 영위하고 있는 기업에 대한 투자는 비교적 위험도가 낮다. 또한 해당 기업에서 블록체인 비즈니스가 차지하는 비중이 낮을수록 위험도는 하락한다. 리플을 사용한 국제 송금 서비스를 개시할 예정인 SBI핀테크솔루션은 2017년 연간 주가 수익률이 91.4%에 달했다. 블록체인 관련 기업의 주식을 사는 것도 훌륭한 블록체인 투자가 될 수 있다.

이와 같은 블록체인에 대한 분산 투자를 통해 위험의 분산과 수익의 극대화를 노릴 수 있다. 수익의 관점에서 접근하기보다 위험 관점에서의 접근이 오히려 높은 수익률을 가져올 수 있는 것이다. 모든 투자 회사에는 리스크 관리 팀이 존재하는 것도 이러한 이유 때문이다.

# 무위험 블록체인 투자

암호화폐의 극심한 변동성, ICO 사기 위험성 등 블록체인에 대한 투자는 위험하다는 전반적인 인식이 있다. 상대적으로 위험도가 낮은 블록체인 비즈니스를 영위하는 기업에 대한 투자도 결코 안전한 투자수단은 아니다.

그러나 블록체인에 대한 투자 중 위험도가 없거나 현저히 낮은 투자 방법도 존재한다. 물론 위험도가 낮은 만큼 기대 수익률은 낮다. 하지만 안정적인 수익의 확보가 고(高)위험군에 대한 투자보다 높은 장기 수익률을 기록하는 경우가 많다는 점을 기억해야 한다.

위험도가 낮은 투자 중 하나는 암호화폐 채굴(mining)이다. 다만 비트코인, 이더리움 같은 시가총액 상위 암호화폐의 경우 수익성이 매우 낮아졌다. 대형 마이닝 풀이 해시파워를 과점하고 있는 메인 암호화폐들은 채굴기 가격과 전기세를 커버하기도 힘든 상황이다. 하지만 마이너 암호화폐의 경우 아직 채산성이 확보되고 있다. 직접 채굴기를 구입한다거나 GPU를 업그레이드하는 것보다, 마이닝 풀에 참여함으로써 채굴을 하는 방법도 있으므로 낮은 투자금을 통한 소액의 수익을 얻을 수 있는 방법이 된다.

최근 삼성전자도 채굴기 사업에 뛰어들었다. 2018년 1월 삼성전자는 대만의 TSMC와 ASIC 반도체 칩 제조에 대한 계약을 체결했으며, 중국 채굴기 제작회사에 공급을 시작했다. 삼성전자 같은 대형 반도체 기업들의 채굴기용 반도체 칩 사업 진출은 향후 채굴기 가격 하락을 가져올 것이다. 대형 기업들의 대량 생산이 이어진다면, 암호화폐 채굴기는 토스트기와 같은 대중적인 전자제품이 될 수도 있다.

하지만 직접 채굴은 전기요금, 하드웨어 구입비용 등 적지 않은 변동비용과 고정비용이 들어간다. 위험도가 전혀 없는 블록체인 재테크는 블록체인 비즈니스에 직접 참여하는 것이다.

블록체인 상에서는 자신이 보유한 무형자산을 암호화폐로 바꿀 수 있다. 다양한 블록체인 프로젝트가 등장하며 참여자들이 보유한 지식, 예술적 감각, 게임 실력 등 무형자산의 유형자산화를 가능하도록 하고 있다.

스팀잇의 경우 블록체인 상에 글을 올리면, 이에 대한 보상으로 암호화폐를 받을 수 있다. 다른 참여자들의 투표를 통해 좋은 글을 올리면 오를수록 많은 보상을 받으며, 투표를 하는 행위만으로도 보상을 받을 수 있다. 따라서 많은 사람이 도움을 얻을 수 있는 자신만의 지식이 있다면 스팀잇에 글을 올려 암호화폐를 얻는 것도 훌륭한 재테크가 된다.

이 외에도 사진 찍는 취미가 있다면, 코닥에서 준비중인 코닥코인 프로젝트에 참여할 수도 있다. 좋은 사진을 블록체인 상에 등록함으로써 다양한 사용자들은 사진을 사용하며, 당신은 암호화폐를 보상으로 받게 된다.

이와 같이 블록체인 세계에서는 다양한 재테크 수단이 존재한다. 블록체인 기술이 발달할수록 다양한 방법이 등장할 것이다. 블록체인 플랫폼의 등장은 이러한 블록체인 생태계를 계속해서 확장해 나갈 것이며, 궁극적으로 개인의 모든 것을 자산화 할 수 있는 날이 올 것이다.

# 블록체인 기술,
# 진화의 끝은?

블록체인 기술은 끊임없이 발전 중이다. 많은 3세대 블록체인 기반 암호화폐가 고개를 들고 있다. 기술 발전은 빠르게 진행되고 있으며 암호화폐의 세대교체도 빠르게 진행된다.

비트코인 등장 이후 블록체인 기술은 2018년에 들어서며 3세대로 발전하고 있다. 많은 3세대 블록체인 기반 암호화폐가 2018년 런칭을 앞두고 있으며, 2세대 암호화폐의 대장인 이더리움 또한 자체 업그레이드를 통한 3세대로의 진입을 준비하고 있다. 이러한 블록체인 기술의 발달은 블록체인 생태계를 조성하며, 다양한 디앱의 등장으로 이어진다. 이더리움의 경우 현재 1,100개가 넘는 디앱이 개발되고 있다. 세상 모든 것의 블록체인화는 불가능한 일이 아니다.

**블록체인 세대별 특징 정리**

| 1세대<br>(비트코인) | 2세대<br>(이더리움) | 3세대<br>(이오스,에이다,테조스 등) |
|---|---|---|
| 최초로 블록체인을<br>이용한 탈중앙화된<br>화폐시스템 | 블록체인 플랫폼을 구축<br>다양한 Dapp을 통해<br>블록체인 생태계의<br>기반을 마련 | 1,2세대의 한계점인 poW<br>합의알고리즘을 극복<br>속도와 용량 문제를 해결 |

현재 암호화폐의 한계도 결국 극복될 문제다. 1세대의 한계를 2세대에서 해결했으며, 2세대의 한계를 3세대에서 해결하는 것처럼 기술적 한계는 결국 극복된다. 암호화폐의 한계를 이야기할 때 나오는 주제인 '속도와 용량, 에너지 소모 문제'는 이미 해결되고 있다. 3세대 암호화폐들은 현존하는 금융시스템과 유사한 거래 처리 속도를 확보했으며, 비트코인이 일으킨 극심한 에너지 소모 문제에 대해서도 해결했다.

아직 3세대 블록체인은 초기단계이다. 대부분 3세대 블록체인은 ICO를 진행하고 있거나, ICO 완료 후 개발 중이다. 반면 기대감에 따라 해당 암호화폐들의 시가총액은 이미 큰 폭 상승한 상황이다. 2018년은 3세대 블록체인에 있어 중요한 시기가 될 것이다. 안정적으로 자리를 잡게 되고, 이를 기반으로 한 수많은 디앱이 등장하며 제2의 이더리움이 탄생하길 기대한다.

# 암호화폐의
## 세대교체 진행

암호화폐 시장은 1세대 암호화폐 비트코인 이후 세대교체가 진행되고 있다. 아직 비트코인이 견고한 위치를 차지하고 있지만, 알트코인의 성장세가 무섭다. 알트코인의 성장은 블록체인 기술의 발전에 따라 빠른 속도로 진행 중이다.

암호화폐의 발전사는 1세대부터 3세대까지 진행되고 있다. 비트코인에서 2세대 암호화폐인 이더리움의 등장까지 7년이 걸린 반면, 이더리움에서 이오스, 테조스, 에이다 등 3세대 암호화폐까지는 2~3년 밖에 걸리지 않았다. 블록체인 기술 발전의 속도는 하드웨어 발전 속도에 맞추어 빠르게 진행되고 있다. 이에 따라 신규 암호화폐의 등장뿐 아니라 기존 암호화폐의 업그레이드도 빠르게 진행 중이다.

1세대에서 2세대로의 성장은 확장성과 처리 속도 문제였다. 블록체인으로 화폐거래의 기능만 구현한 1세대 비트코인은 정작 블록체인이 가진 확장성을 활용하지 못했다. 또한 1초에 7건에 불과한 처리속도는 화폐로써의 명확한 한계점을 드러냈다. 이에 따라 확장성을 확보하기 위해 디앱을 통한 스마트 컨트랙트(Smart Contract)를 수행할 수 있는 플랫폼 기반의 2세대 암호화폐들이 등장했다. 2세대 화폐는 1세대 대비 높은 확장성, 빠른 처리 속도를 보유했으나 여전히 해결해야 할 문제점이 많았다.

3세대가 집중한 점은 1, 2세대가 가진 '속도와 용량, 블록체인 시스템의 의사결정 부재, 블록체인 유지에 필요한 과도한 에너지 소모에 대한 문제'의 해결이었다. 2세대에 들어서면서 1세대의 대비 속도가 빨라지긴 했지만, 2세대 수준의 속도로는 많은 수의 디앱 구동에 문제가 발생한다. 3세대로 들어서면서 이러한 거래 처리 속도는 크게 개선되었다. 3세대 암호화폐인 이오스의 경우 비트코인 대비 1,200배 빠르며, 이더리움 대비 28배 빠른 속도를 보유하고 있다.

블록체인 시스템의 의사결정 문제도 1, 2세대의 한계점이다. 중앙시스템이 없는 블록체인 특성 상 시스템 업그레이드를 위한 사용자들의 합의도출이 어렵다. 이 때문에 비트코인은 여러 번의 하드포크(Hard fork)가 일어나 비트코인 캐시, 비트코인 골드 등으로 나누어지게 된 것이다. 3세대의 경우 사용자들의 합의 도출을 통한 시스템 업그레이드를 보다 쉽게 처리할 수 있으며 하드포크에 따른 리스크를 줄일 수 있게 되었다.

또한 1, 2세대가 채택하고 있는 PoW 방식의 합의알고리즘은 강력한 보안성과 안정성을 보유하고 있지만, 그만큼 불필요한 전력을 낭비한다. 모건스탠리는 비트코인 채굴에 필요한 전력량이 전기차 운행에 필요한 전력량보다 많아질 것이

**비트코인에 들어가는 전력소모**

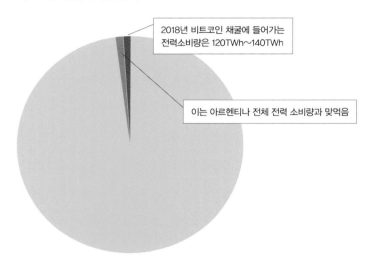

2018년 비트코인 채굴에 들어가는
전력소비량은 120TWh~140TWh

이는 아르헨티나 전체 전력 소비량과 맞먹음

며, 아르헨티나 전체 전력소비량과 비슷한 규모로 커질 것으로
전망했다. 또한 2018년 비트코인 채굴에 사용되는 전력량이
120~140TWh 수준에 이를 것이며, 이는 글로벌 전력 소비량
의 0.6% 수준에 이를 것으로 전망했다.

전력 소모 증가는 금전적인 문제를 넘어 환경에 치명적인
문제를 야기한다. 특히 비트코인의 경우 채굴량의 약 60%가
중국에서 이루어지며, 채굴에 들어가는 전력은 석탄 등 화석
연료를 사용해 생산된다. 화석연료 사용 비중이 70%에 달하
는 중국 발전소 특성상, 대기오염에 지대한 영향을 미칠 수밖

에 없다. 이와 같은 환경문제에 따라 많은 블록체인 개발자들은 1, 2세대 암호화폐가 채택하고 있는 PoW 방식의 합의알고리즘을 대체할 다양한 합의알고리즘을 구상하고 있다.

## 블록체인 3.0, 3세대 암호화폐의 등장

2018년에는 3세대 암호화폐의 약진이 기대된다. 3세대 암호화폐들은 1, 2세대가 극복하지 못한 속도와 용량, 의사결정 부재, PoW 합의알고리즘에 따른 에너지소모 문제를 해결하며 등장했다. 1세대가 블록체인 시대의 문을 열었다면, 2세대는 블록체인 기술의 확장성에 대한 가능성을 선보였다. 이제 3세대 블록체인 기술을 통해 블록체인이 실생활에 확장되는 경험을 할 수 있다.

3세대 블록체인 기술을 탑재한 암호화폐들은 지금 이 시간에도 계속해서 생기고 있다. 또한 2세대 화폐의 업그레이드를 통해 이오스, 에이다 등 수많은 3세대 암호화폐들이 등장했다. 그 가운데 몇몇은 블록체인 시장을 점령하며 성장하고 일부는 도태될 것이다. 타 암호화폐 대비 우수한 기술적 특징과 확장성을 확보한 암호화폐는 많은 사용자를 끌어들이며 성장할 것이나, 많은 사용자를 확보하지 못한 3세대 암호화폐들은 결국 블록체인 시스템의 유지가 불가능해지며 도태될 수 있다.

그렇다면 수많은 3세대 암호화폐 각각은 어떠한 특징과 기능을 보유하고 등장한 것일까? 3세대 암호화폐에 대한 자세한 내용을 살펴보자.

이오스는 스스로 '이더리움 킬러'라는 자극적인 문구를 내세우며 등장했다. 이더리움과 같은 블록체인 플랫폼을 표방하고 있으며, 이더리움 대비 빠른 거래 처리 속도, 낮은 수수료를 구현하고 있다.

또한 합의알고리즘으로 DPoS(Delegated Proof of Stake, 위임지분증명)를 사용하며 이더리움의 PoW의 문제점을 극복하고자 한다. 소수의 대리인을 통한 합의알고리즘은 모든 참여자(노드)의 참여가 필요한 타 합의알고리즘 대비 빠른 속도를 가질 수밖에 없다. 물론 DPoS 또한 증인에 대한 신뢰 문제 등 몇 가지 극복해야 할 문제가 있지만, 현 시점에서 가장 발달된 알고리즘임에는 틀림없다.

이오스(EOS)는 2018년 3월 현재 ICO가 진행 중이다. 공교롭게도 경쟁대상으로 삼은 이더리움의 ERC20으로 ICO가 진행 중이며, 2018년 6월경 메인넷 런칭 예정이다.

에이다는 블록체인 플랫폼인 카르다노(Cardano) 플랫폼에서 사용되는 3세대 암호화폐이며, 하스켈(Haskel) 언어로 구축된 최초의 암호화폐이다. 일본에서 ATM기기를 통해 사용이 가능한 유일한 3세대 암호화폐이며, 2016년 ICO를 완료하고 2017년 10월 1일 최초 발행되었다. 카르다노 플랫폼은 모바일에서 최적화되며 세계 모든 곳에서 차별없이 사용가능한 블록체인 기술을 목표로 탄생했다.

에이다의 블록체인 시스템은 사이드체인(Side Chain)을 도입함으로써 2세대 블록체인이 가진 문제를 획기적으로 해결했다. 메인 블록체인과 독립적으로 작동하는 별도의 사이드체인을 통해 메인체인의 용량문제를 해결했으며 확장성을 대폭 확대했다. 또한 에이다는 이오스 같은 DPoS 방식의 합의 알고리즘를 사용한다.

해킹 불가능한 메신저로 유명해진 텔레그램(Telegram)도 자체 블록체인 플랫폼을 구축하며 3세대 블록체인 플랫폼 런칭을 발표했다. 톤(TON)으로 명명된 블록체인 플랫폼은 Pre ICO를 통해 2018년 초 8억 5천만 달러에 이르는 자금을 모집했다. 2차 Pre ICO가 진행 중이며 2019년 1월에 정식 공개될 예정이다.

블록체인을 통한 재테크 방법은 암호화폐를 통한 시세차익이 끝이 아니다. 블록체인을 통해 새로운 사업을 진출하려는 기업에 투자를 할 수 있고 직접 ICO에 참여할 수도 있으며 블록체인 비즈니스에 동참하며 수익을 얻을 수도 있다. 이러한 다양한 블록체인 재테크 방법을 통해 위험을 분산시키는 동시에 일정 수익을 얻을 수 있다.

4장

# 블록체인 재테크,
# 지금 당장 시작하라

# 블록체인 신 비즈니스를
# 영위하는 기업에 투자하라

최근 국내외 다양한 기업들의 블록체인 비즈니스 도입이 시작되고 있으며, 해외의 경우 다양한 기업들이 블록체인 비즈니스에 진출하며 높은 주가 수익률을 기록하고 있다.

암호화폐에 대한 직접 투자, 혹은 ICO에 직접 참여하는 방법은 높은 위험을 동반한다. 반면에 블록체인 비즈니스를 영위하는 기업에 투자함으로써 암호화폐 직접투자 대비 안정적인 수익을 얻을 수 있다.

암호화폐에 대해 투자하는 것이 블록체인 기술의 발전을 전제로 한다는 점을 고려한다면, 블록체인 비즈니스를 영위하는 기업에 대한 투자 또한 동일한 관점에서 접근할 수 있다.

최근 국내외 다양한 기업들의 블록체인 비즈니스 도입이 시작되고 있다. 특히 해외의 경우 다양한 기업이 블록체인 비즈니스에 진출하며 높은 주가 수익률을 기록하고 있다.

2013년 사업 악화에 따른 기업회생절차까지 진행했던 코닥 (Kodak)의 경우 코닥코인(Kodak coin)에 대해 발표하며 주가가 급등하고 있으며, IBM은 프라이빗 블록체인 플랫폼 사업을 시작하며 기업 성장성에 대해 새로운 가치를 부여받고 있다.

국내 업체 또한 블록체인 관련 업체들의 주가가 큰 폭 상승을 보이고 있다. 삼성SDS 같은 대기업뿐 아니라 코스닥상장기업인 SBI핀테크솔루션, 라온시큐어, SGA솔루션즈 등 많은 기업들이 블록체인 비즈니스 진출에 따른 기대로 주가 상승이 이어지고 있다.

기업의 주가가 상승한다는 것은 해당 기업의 미래 성장 가능성이 높다는 것이다. 즉 해당 기업들이 시작하는 블록체인 비즈니스의 성장 가능성에 대한 기대가 그만큼 높다는 반증이기도 하다.

다만 블록체인에 대한 기대가 높은 만큼 이를 이용해 주가 띄우기를 시도하는 기업도 등장하고 있다. 사명에 '블록체인'이란 단어를 넣기만 해도 주가가 급등하는 현상이 일어나고 있으며, 블록체인에 대한 기술력과 인력이 전무한 회사가 실체도 없는 블록체인 비즈니스에 진출하겠다고 밝히며 주가가 급등하고 있다. 마치 예전의 닷컴버블 당시 '인터넷' '닷컴'이라는 단어만 들어가면 주가가 폭등했던 사례와 유사하다.

이러한 사례는 블록체인 관련 기업에 대한 투자시 반드시 고려해야 할 부분이다.


## 블록체인을 통한 신 비즈니스를 영위하는 국내 유망 기업들

블록체인이 제4차 산업혁명의 핵심기술로 떠오르며 많은 기업이 블록체인을 통한 신 비즈니스를 확보하기 위해 움직이고 있다. 그만큼 기업들이 블록체인을 미래 성장에 중요한 기술이 될 것으로 파악하고 있으며, 선제 투자를 시작하고 있다는 것이다.

2016년 다보스포럼에서는 블록체인을 향후 세계를 이끌어 갈 10대 기술 중 하나로 선정했으며, 가트너(Gartner)는 블록체인이 2020년까지 연평균성장률(CAGR) 128%을 기록하며 성장할 것으로 전망했다. 이에 따라 블록체인 관련 시장규모는 2030년 3조 달러를 초과할 것으로 예측했다. 심지어 가트너는 블록체인을 실제로 접목하지 않은 비즈니스라도 '블록체인' 명칭만을 사용한 비즈니스 가치 창출이 가능할 것으로 예측했다.

이와 같은 블록체인 기술 확장에 대한 기대로, 2017년 블록체인 관련 기업들의 주가는 급등했다. 암호화폐의 급등뿐 아니라 관련 기업의 주가까지 급등하며, 블록체인 관련 기업에 대한 관심도 대폭 증가했다. 이들 기업에 대한 투자는 암호화폐에 대한 직접투자 대비 낮은 위험으로 블록체인에 투자할 수 있는 기회가 된다.

특히 기존 사업이 안정적인 기업일수록 주가 하락에 대한 위험이 낮다. 안정적인 기존 사업이 실적을 뒷받침하고 있는 기업은 신규 블록체인 비즈니스가 해당 기업 주가의 신규 모멘텀으로 작용할 수 있다는 점에서 매력적이다.

기존 사업을 확보하고 있는 기업 외에, 스타트업의 블록체인 비즈니스 참여 사례도 많아지고 있다. 이 경우 위험은 비교적 높지만, 높은 수익을 기대할 수 있다. 특히 암호화폐 거래소들의 경우 스타트업으로 시작해 단기간에 놀랄만큼의 성장을 기록하고 있다. 암호화폐 거래소들의 실적은 비트코인, 이더리움 등 개별 암호화폐의 가격 변동에 큰 영향을 받지 않으며, 향후 많은 알트코인이 등장함에 따라 지속적인 성장이 기대되기에 긍정적이다.

신규 암호화폐의 등장은 신규 거래량을 동반하며, 거래소의 수익이 증가하게 한다. 국내 대표적인 암호화폐 거래소인 빗썸(Bithumb)의 경우 2017년 연간 영업이익이 1,800억 원에 달했으며, 2018년 3천억 원을 넘는 영업이익 달성을 목표로 하고 있다. 이는 국내 대형 증권사의 연간 영업이익을 뛰어넘는 수준이다.

비록 거래소 해킹에 대한 위험성이 끊임없이 대두되고 있지만, 블록체인 생태계 발전에 있어 거래소의 역할은 필수적이다. 국내 암호화폐 거래소는 빗썸, 업비트, 코빗, 코인네스트, 코인원 등이 있으며, 블록체인 시장 확대와 암호화폐 거래량 증가에 따라 신규 거래소 오픈이 계속될 것으로 예상된다.

국내 대기업들은 뛰어난 인력을 바탕으로 블록체인 관련 솔루션들을 개발 중이다. 국내의 굵직한 블록체인 프로젝트는 삼성SDS, LG CNS, SK C&C가 주도하며 대기업 SI 업체 특성상, 안정적인 기존 사업의 실적을 보유하고 있다. 이들 3사는 본업의 안정적인 실적을 바탕으로, 신규 블록체인 비즈니스를 통한 추가 주가 상승을 기대할 수 있다는 점에서 매력적이다.

삼성SDS는 전사 매출의 70% 이상이 삼성그룹에서 발생한다. 하지만 블록체인 등 신규 사업이 동사의 IT 매출의 20%를 차지하며 이미 실적에 반영되고 있다. 국내 기업 중 가장 활발한 블록체인 기술 개발과 사업을 진행 중인 점을 감안할 때, 블록체인 비즈니스의 매출 비중은 지속적으로 증가할 것으로 전망한다. 현재 블록체인 플랫폼인 넥스레저(Nexledger)의 상용화를 통해 다양한 블록체인 프로젝트에 참여 중이며 금융, 물류,

제조업에 이르기까지 다양한 분야로 진출 중이다.

LG CNS는 2015년 국내 최초로 블록체인 기술을 활용해 비상장기업 5개사의 전자증권을 발행했다. 비상장주식 유통에 블록체인을 도입하며 비용 절감 및 정보의 투명성을 확보한 것이다. 자체 플랫폼을 개발한 삼성SDS와 다르게 LG CNS는 글로벌 블록체인 컨소시움인 R3CEV와의 협력을 선택했다. LG CNS는 R3CEV의 플랫폼인 코다(Corda)를 활용해 국내 각 분야에 진출할 계획이다. 국내 블록체인 프로젝트에서는 삼성 SDS에 일부 선두를 뺏기긴 했으나, 금융권에 특화된 코다를 활용하는 만큼 금융권에서의 약진이 기대된다.

SK C&C는 하이퍼레저 기반의 블록체인 플랫폼을 준비 중이다. 현재 블록체인 기반의 모바일 디지털 ID 인증서비스와 물류서비스를 공개했으며, 통신업을 기반으로 한 그룹사 특성상 IoT, AI 같은 신사업 분야에서 협력이 가능할 것으로 전망된다. 다양한 사업회사를 거느린 그룹사인 만큼 다양한 분야에 블록체인 기술을 선제적으로 도입하며 블록체인을 통한 성장이 가능할 것으로 기대한다.

대기업 외에도 국내에서 블록체인 비즈니스를 준비하는 기업들이 많이 생기고 있다. 특히 SBI핀테크솔루션은 가장 빠르게 블록체인 비즈니스를 도입하고 있는 코스닥 상장사 중 하나이다.

**블록체인 산업 성장**

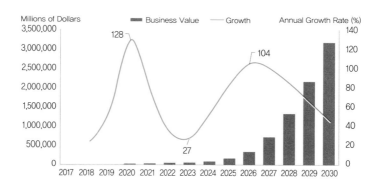

SBI핀테크솔루션은 일본 해외 송금서비스 1위 업체로 일본에서 리플 네트워크를 활용한 국제 송금서비스를 시행하고 있다. SBI핀테크솔루션은 2017년 상반기, SBI레밋을 100% 자회사로 편입하며 국내에서도 리플(Ripple)을 활용한 국제 송금 서비스 시장에 진출했다. SBI레밋은 일본 내 최저 수준의 수수료로 국제 송금서비스를 제공 중에 있으며, 현재 일본 내 국제송금 시장에서 1위를 기록하고 있다.

또한 리플을 활용한 일본-태국 간 국제 송금서비스를 개시하며 시장점유율을 끌어올리는 중이다. 리플을 통한 국제 송금서비스의 경우 기존 대비 대폭 낮은 수수료 책정이 가능하다. 기존 국제 송금이 전신료, 중개수수료, 현지 은행 수수료 등 많은 수수료가 필요한 반면, 블록체인을 통한 송금은 송금 금액

**블록체인 비즈니스 도입 기업**

| | |
|---|---|
| 플랫폼 비즈니스 | 삼성SDS |
| | LG CNS |
| | SK C&C |
| | 블로코 |
| 암호화폐 거래소 | 빗썸 |
| | 업비트 |
| | 코빗 |
| | 코인네스트 |
| | 코인원 |
| 국제 송금서비스 | SBI핀테크솔루션 |
| | 센트비 |
| 의료 서비스 | 써트온 |
| | 메디블록 |
| 에너지 | 이젠파트너스 |
| | 유엠에너지 |
| 보안 | 라온시큐어 |
| | SGA솔루션즈 |
| | 케이사인 |

당 1% 수준의 낮은 수수료로 송금이 가능하다. 해당 국제 송금서비스는 외국인 노동자를 대상으로 하는 만큼 낮은 수수료에 따른 시장 점유율 확대가 기대된다.

　보안 업체들의 블록체인 기술 도입도 빨라지고 있다. 라온시큐어는 더루프와 함께 블록체인 기반 FIDO(Fast Identity Online) 시스템을 개발 중이다. 이번 프로젝트는 FIDO 서버의 인증 정보 생성 및 검증 과정을 블록체인상의 스마트 컨트랙트(Smart Contract)로 구현해 기존 공인인증서가 가진 해킹위험을 줄이는 것이 목표이다. 이를 통해 기존 인증서 대비 높은 보안성과 비용 절감이 가능해질 것으로 전망된다.

또한 보안전문업체 SGA솔루션즈는 암호, 인증사업 부문을 분할해 블록체인 전문 회사를 설립할 계획이다. 암호·인증 기술을 기반으로 한 블록체인 플랫폼을 개발해 다양한 분야에 활용할 것으로 전망된다.


## 해외 기업 동향,
## 치솟는 주가


카메라 및 관련 소모품으로 유명한 코닥은 작년 코닥코인에 대해 발표하며, 2018년 1월 9일 하루 동안 약 120% 급등했다. 코닥은 블록체인으로 구현한 신규 플랫폼인 코닥원(Kodak One)을 통해 블록체인 상에 사진을 등록하고 사진의 사용권에 대해 저작권료를 받을 수 있는 서비스를 구현할 것이라 발표했다. 디지털 카메라, 스마트폰 카메라의 비약적인 성장으로

침체기에 빠져든 코닥은 코닥코인을 통해 다시 성장 궤도에 올라설 준비를 하고 있다. 2012년 파산보호 신청 이후, 2013년부터 기업회생 절차를 시행하고 있는 코닥이 블록체인 비즈니스로 어떻게 성장할지 기대된다.

IBM은 하이퍼레져 프로젝트(Hyperleger project)의 핵심 개발 멤버로 프라이빗 블록체인 플랫폼 하이퍼레져 패브릭(Hyperledger Fabric)을 개발했다. 이미 중국 내 월마트의 돼지고기 유통과정에 패브릭 기반의 유통 시스템을 도입했다. 이를 통해 돼지 사육에서부터 소비자에 이르기까지 모든 과정을 블록체인 상에 기록해 최소한의 비용과 빠른 속도로 유통과정을 추적하는 서비스를 제공하고 있다.

IBM은 하이퍼레져 패브릭을 통해 기업을 대상으로 한 블록체인 플랫폼 사업의 성장성에 주목하고 있다. 기업들은 IBM의 블록체인 기술을 도입함으로써 비용절감과 보안강화를 얻을 수 있다. 현재 IBM은 B2B 블록체인 플랫폼 분야에서 독보적인 1위를 달리고 있다. 머지않은 미래에 IBM의 블록체인 플랫폼이 IBM 전사 실적의 의미 있는 비중을 차지할 것으로 전망한다.

일본의 후지쯔(Fujitsu)도 블록체인 관련 비즈니스를 준비 중이다. 후지쯔는 서로 다른 블록체인을 연결하여 상호간의 네트워킹이 가능토록 하는 '커넥션 체인(connection chain)' 프로젝

## 코닥 주가 추이

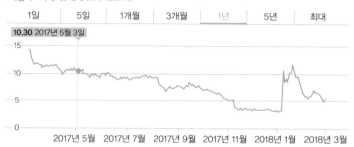

Eastman Kodak Company
NYSE:KODK – 3월 2일 오후 6:02 GMT-5

**5.25**USD ↑0.30 (6.06%)
폐장 후 거래: 5.45 ↑0.20 (3.81%)

| 1일 | 5일 | 1개월 | 3개월 | 1년 | 5년 | 최대 |

**10.30** 2017년 5월 3일

트를 공개했다. 현재 다양한 암호화폐가 등장하고 있으며 ICO 시장의 확대에 따라 다양한 블록체인이 등장하고 있어, 상호간의 거래를 가능토록 하는 것이 후지쯔의 목표이다. 각기 다른 암호화폐의 교환에서부터 각 블록체인의 정보를 아우르는 '크로스체인' 상용화를 최종 목표로 개발 중이다.

이처럼 많은 해외 기업이 블록체인 프로젝트를 발표해 시장의 기대감을 받으며 해당 기업들의 주가도 큰 폭으로 상승하고 있다. 하지만 다수의 기업이 블록체인 또는 암호화폐를 자사의 주가를 올리기 위한 수단으로 활용하고 있다는 비판도 끊이지 않는다.

미국의 음료업체 '롱 아일랜드 아이스드 티(Long Island Iced Tea)'는 회사명을 '롱 블록체인(Long Blockchain)'으로 변경한 뒤, 블록체인 기술을 활용한 비즈니스에 진출하겠다는 의사를 밝힌 뒤 하루 만에 주가가 500% 급등한 경우도 있었다. 생명공학 관련 회사 바이옵틱스(Bioptix)는 사명을 라이엇 블록체인(Riot Blockchain)으로 변경하며 3개월간 600%의 주가상승을 기록하기도 했다. 또한 태양열 및 재생에너지 전문기업 TGI솔라는 블록체인 시장 진출에 관한 뉴스를 내며 주가가 200% 급등했다.

이에 따라 미국 증권 거래위원회(SEC)는 블록체인을 주가부양 수단으로 사용하는 기업에 대해 예의주시할 것임을 밝혔다. 따라서 블록체인 비즈니스에 진출하는 회사에 투자할 경우, 이들 회사의 블록체인 비즈니스에 대한 비판적인 시각이 필요하다.

# ICO 참여,
# 스타트업을 공략하라

현재 시가총액 상위에 기록된 많은 암호화폐들은 ICO 대박을 통해 등장했다. 따라서 ICO에 참여하기 전 과거 어떠한 ICO가 성공했으며, 어떤 점을 주의해야 하는지 파악해야 한다.

ICO(Inicial coin offering)에 참여한다는 것은 블록체인 스타트업에 투자한다는 것과 동일한 의미이다. 그리고 암호화폐 투자자들 사이에서 ICO는 '대박'의 상징이다. 현재 시가총액 상위에 기록된 암호화폐들은 ICO 대박을 통해 등장했다.

하지만 수많은 ICO가 쏟아져 나오며 대박의 꿈이 쪽박으로 끝나는 경우가 많아졌다. 3년 전만 하더라도 대부분의 ICO는 성공 가능성이 높았으나, 현시점에서는 암호화폐에 대한 직접 투자보다 리스크가 크다.

따라서 ICO에 참여하기 전 과거 어떠한 ICO가 성공했으며, 어떤 점을 주의해야 하는지 파악해야 한다. 2017년의 ICO 성공률은 50%조차 되지 않았다. 상장에 성공하더라도 가치가 하락한 암호화폐도 적지 않았다. 심지어 ICO로 자금을 모집한 뒤 잠적하는 소위 '스캠(사기)코인'도 심심찮게 보인다.

이번 칼럼에서는 성공한 ICO의 특징을 살펴보면서 ICO 투자시 반드시 체크해야 할 사항에 대해 살펴볼 것이다. 또한 ICO의 성공률을 높이기 위한 방법과 실제 ICO 참여방법을 소개하겠다.

## 어떠한 ICO가
## 성공했나?

ICO 투자는 모든 블록체인 투자자들이 꿈꾸는 '대박'을 실현시켜 줄 수 있는 수단이다. 전체 ICO 중 2018년 3월 현재 가격 기준 수익률 상위 4개 암호화폐는 엔엑스티, 아이오타, 네오(NEO), 이더리움(Ethereum) 순이다. 수익률 1위인 엔엑스티(NXT)의 경우 무려 1,260,000%의 수익률을 기록했다. 2위인 아이오타(IOTA) 또한 424,000%의 높은 수익률을 기록하고 있다. ICO에 성공하기 위해 과거 ICO 성공사례를 살펴볼 필요가 있다. 어떠한 이유로 해당 암호화폐의 ICO가 성공했는지 파악해야 한다.

ICO의 성공에는 다양한 요인이 있으나, 대부분의 성공한 ICO의 경우 블록체인의 확실한 기술적 차별성을 보유하고, 저명한 개발진이 포함되어 있으며, 투자자 중 대형 기관이나 유명 투자자가 포함되어 있는 경우가 많다.

수많은 블록체인이 등장한 현 시점에서 ICO를 성공하기 위해서는 해당 블록체인의 기술적 차별성은 필수이다. 기존 블록체인 기술 대비 이름만 다른, 소위 복제 암호화폐들이 성공할 수 있었던 시절은 끝났다. ICO가 급속도로 증가한 2016년 이후 ICO의 성공률은 극도로 낮아졌다. 실제로 2017년 진행된 900건의 ICO 중 자금조달 후 실패한 프로젝트가 276건, 조달 전 실패한 프로젝트가 142건에 달한다. 또한 무사히 상장까지 진행되더라도 무조건적인 가격상승을 기대하기 힘들다. 1천 개가 넘는 암호화폐 중 의미 있는 시가총액에 도달한 암호화폐는 50%에도 미치지 못한다. 즉 기술적 차별성은 ICO 성공을 위한 첫 번째 필수요건이다.

ICO 후 프로젝트의 런칭에 수개월에서 길게는 몇 년이 걸린다는 점을 감안한다면, 믿을 만한 저명한 개발진의 참여가 ICO 성공 가능성을 높인다는 것을 알 수 있다. 물론 천재 신인 개발자의 등장으로 성공한 프로젝트도 있다. 하지만 투자 성공

ICO 수익률 표(icostats.com)

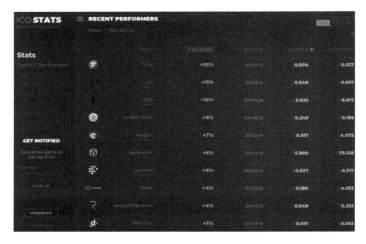

률을 높이는 관점에서 접근한다면 저명한 개발진이 참여하는
프로젝트에 참여하는 것이 유리하다.

ICO의 성공을 위해서는 ICO의 자금조달도 성공해야 한다.
때문에 많은 투자자의 이목을 끌 수 있는 요소가 필요하다. 공
신력 있는 투자자의 참여는 이러한 점에서 중요하다. 최근 블
록체인 관련한 투자를 활발히 진행하는 미국의 억만장자 팀
드레이퍼는 테조스(Tezos)와 데이터월렛(DataWallet)의 ICO에
참여하며 해당 프로젝트들의 성공을 이끌었다.

몇 가지 성공한 ICO의 예를 살펴보자. 에이다(ADA)는 이
더리움의 CEO였으며, 천재 수학자인 찰스 호스킨슨(Charles

Hoskinson)에 의해 개발되었으며, 기존 2세대 블록체인의 한계를 해결한 기술적 차별성을 확보했다. 덕분에 현재 전체 암호화폐 중 시가총액 기준 7위를 기록하며 급성장을 했다. 이오스(EOS) 또한 비트쉐어(bitshares)와 스팀잇(Steemit) 2개의 블록체인을 성공적으로 런칭한 천재 프로그래머 댄 라리머(Dan Larimer)에 의해 개발되는 것으로 이미 절반 이상의 성공을 거두었다. 또한 2세대 블록체인 대비 높은 기술적 차별성도 확보하며 성공적인 행보를 이어가고 있다.


## ICO 투자시,
## 반드시 주의할 점


ICO 투자에 앞서 백서(White paper)를 꼭 읽어보자. ICO 진행에 앞서 개발진들은 해당 프로젝트의 목적, 기술, 타깃마켓 등 프로젝트에 관한 전반적인 사항을 백서에 기록해 배포한다. 법적인 공증인이 없는 ICO 특성상, 개발진들은 자신들의 프로젝트에 대한 최대한 자세한 내용을 백서에 기록한다.

또한 백서에는 프로젝트에 관한 내용뿐만 아니라 ICO 스케줄과 자금사용 계획에 대해서도 나와 있다. ICO를 통해 얼마동안 자금을 모집할 것인지, 총 모집자금이 어느 정도인지, 개

## Bitcoin: A Peer-to-Peer Electronic Cash System

Satoshi Nakamoto
satoshin@gmx.com
www.bitcoin.org

**Abstract.** A purely peer-to-peer version of electronic cash would allow online payments to be sent directly from one party to another without going through a financial institution. Digital signatures provide part of the solution, but the main benefits are lost if a trusted third party is still required to prevent double-spending. We propose a solution to the double-spending problem using a peer-to-peer network. The network timestamps transactions by hashing them into an ongoing chain of hash-based proof-of-work, forming a record that cannot be changed without redoing the proof-of-work. The longest chain not only serves as proof of the sequence of events witnessed, but proof that it came from the largest pool of CPU power. As long as a majority of CPU power is controlled by nodes that are not cooperating to attack the network, they'll generate the longest chain and outpace attackers. The network itself requires minimal structure. Messages are broadcast on a best effort basis, and nodes can leave and rejoin the network at will, accepting the longest proof-of-work chain as proof of what happened while they were gone.

### 1.  Introduction

Commerce on the Internet has come to rely almost exclusively on financial institutions serving as trusted third parties to process electronic payments. While the system works well enough for most transactions, it still suffers from the inherent weaknesses of the trust based model. Completely non-reversible transactions are not really possible, since financial institutions cannot avoid mediating disputes. The cost of mediation increases transaction costs, limiting the minimum practical transaction size and cutting off the possibility for small casual transactions, and there is a broader cost in the loss of ability to make non-reversible payments for non-reversible services. With the possibility of reversal, the need for trust spreads. Merchants must be wary of their customers, hassling them for more information than they would otherwise need. A certain percentage of fraud is accepted as unavoidable. These costs and payment uncertainties can be avoided in person by using physical currency, but no mechanism exists to make payments over a communications channel without a trusted party.

What is needed is an electronic payment system based on cryptographic proof instead of trust, allowing any two willing parties to transact directly with each other without the need for a trusted third party. Transactions that are computationally impractical to reverse would protect sellers from fraud, and routine escrow mechanisms could easily be implemented to protect buyers. In this paper, we propose a solution to the double-spending problem using a peer-to-peer distributed timestamp server to generate computational proof of the chronological order of transactions. The system is secure as long as honest nodes collectively control more CPU power than any cooperating group of attacker nodes.

발진이 보유할 토큰의 비중이 얼마인지, 모집된 자금을 어디에 어떻게 사용할 것인지에 대해 자세한 내역이 나온다.

다만 투자자들이 성공적인 투자를 위해 백서를 읽는 것과 같이, 개발진은 ICO 성공을 위해 프로젝트의 매력적인 부분을 최대한 강조한다. 때문에 백서를 읽을 때는 비판적인 시각이 중요하다.

백서를 통해 프로젝트의 기술력과 성공 가능성이 어느 정도 파악되었다면 개발진 및 고문의 이력을 살펴보자. ICO를 진행하는 개발진들이 과거 ICO 진행 경력이 있거나, 유명 IT 기업의 개발부서 출신이라면 ICO 성공 가능성은 높아진다. 이오스의 댄 라리머(Dan Larimer)나 에이다의 찰스 호스킨슨(Charles Hoskinson) 같은 개발자가 참여했다면, 해당 ICO의 성공 가능성은 매우 높다. 단, 구글링을 통해 개발진의 이력을 검색했을 때 ICO 실패 이력이 있는 개발진은 피하길 바란다.

백서와 개발진의 이력을 살펴봤다면, 이제 프로젝트의 로드맵을 읽어보자. 로드맵에는 ICO 프로젝트의 계획을 시계열로 정리해놓는다. 로드맵이 구체적이고 현실적인지 파악해야 한다. 구체적인 프로젝트 진행에 대한 계획 없이 단순히 런칭 시기만 명시된 프로젝트는 피해야 한다. 또한 현실적이지 않는 허황된 로드맵을 제시한 프로젝트는 조심하자. ICO 몇 개월 후에 대형 기업으로부터 투자를 받는다거나, 기존 레드오션 시장에 진출해 수억 달러 시장을 가져올 것이라든가 등의 과도한 장밋빛 미래를 제시하는 프로젝트는 한번 더 의심해볼 필요가 있다.

수많은 ICO 중 옥석을 가릴 만큼의 시간이 없다면, ICO 평가사이트를 이용할 수도 있다. 현재 가장 활발한 ICO 평가사이트는 ICO Rating, ICO Tracker, ICO index 등이 있다. 비록 평가사이트들이 공신력 있는 기관이라 판단하긴 어렵지만, 수많은 ICO에 대해 분석할 시간이 없기에 1차적인 참고자료로 활용할 수 있다.

대표적인 ICO 평가사이트인 ICO Rating을 들어가보자. ICO가 진행 중인 프로젝트 리스트와 함께 ICO 일정, 목표금

ICO Rating

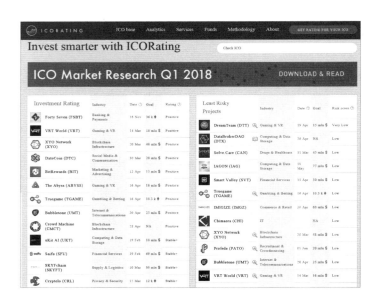

액, Rating이 Rating 순으로 정리된다. 해당 프로젝트를 클릭해 들어가면 평가 사이트 자체 분석자료를 읽어 볼 수 있다. 프로젝트의 기술력, 시장 분석, 경쟁 프로젝트와 비교, 리스크 요인, 그리고 개발진의 이력까지 보기 좋게 정리되어 있다. 물론 이와 같은 평가자료 또한 객관적이라 판단할 수는 없으므로 가려 읽는 것이 중요하다.

앞 칼럼에서 ICO의 필수 위험요소 3가지에 대해 제시했다. 첫째, 프로젝트가 문제없이 수행될 것인가? 둘째, 개발 이후 성공적으로 참여자(노드)를 확보하며 작동할 것인가? 셋째, 기술진의 지속적인 기술개발이 보장되는가?

이와 같은 위험요소는 소형 ICO일수록 커진다. ICO를 진행하는 수많은 프로젝트들 각각에게도 하이 리스크, 하이 리턴의 법칙은 적용된다. 보다 큰 수익을 노리며 소형 ICO에 참여할 경우 실패 가능성도 그만큼 높아진다. 이오스(EOS), 텔레그램(TON), 코닥코인(Kodak coin) 등 글로벌 대형 ICO에 참여하는 것은 적어도 위 3가지 위험요소에 대해선 안전하다.

실제로 소형 ICO 프로젝트 실패 확률이 50%가 넘어서서 대형 프로젝트에 대한 참여가 ICO 투자 성공률을 높이는 데 좋은 방법이다.

# ICO
## 참여 방법

앞서 어떤 ICO가 성공했는지, 어떠한 점을 주의해야 하는지 파악했다. 이제 실제로 ICO에 참여할 수 있다. ICO 프로젝트의 경우 다양한 암호화폐를 통해 모집이 가능하나, 현재 많은 수의 ICO가 이더리움을 통해 진행되고 있다.

이더리움을 통한 ICO 참여방법에 대해 간단히 알아보자. 우선 원하는 ICO 프로젝트의 메인 사이트로 들어가게 되면 현재 ICO 모집 금액과 목표 금액, 그리고 모집 기한이 나온다. 그리고 최소 ICO 참여금액이 명시되므로 이에 맞추어 ICO에 참여하면 된다.

우선 ICO에 참여하기 전 이더리움 개인 지갑을 생성해야 한다. 다양한 이더리움 지갑 프로그램이 있지만 보통 마이이더월렛(MEW)을 많이 사용한다. http://www.myetherwallet.com 에 접속해 지갑을 생성하자. 마이이더월렛은 한국어 지원이 되므로 어렵지 않게 진행할 수 있다.

새 지갑 만들기를 통해 지갑 생성이 완료되었다면 이제 ICO 참여가 가능하다. 은행 계좌와 다르게 암호화폐 개인 지갑의 경우 비밀번호를 잊을 경우 복구가 불가능하므로 반드시 비밀번호, Keystore 파일, 복구용 인쇄용지 지갑을 프린트해서 보관

**복구용 인쇄용지 지갑**

해야 한다.

개인 지갑 생성이 완료되었다면 참여하고자 하는 ICO 프로젝트의 메인 사이트로 접속하자. 다음은 이오스의 ICO 모집 화면이며, 현재 토큰 발행 진행상황과 남은 시간이 실시간으로 반영된다. 왼쪽 아래 GET EOS를 클릭해 들어가게 되면 ICO 참여시 주의할 점과 체크리스트가 나오며, 모두 체크를 하게 되면 이오스의 ICO에 참여할 수 있는 이더리움 주소(Ethereum Adress)가 나타난다.

이제 해당 주소를 기억한 뒤, 마이이더월렛으로 돌아와 이더리움&토큰 전송 메뉴로 들어간다. ICO 참여 주소를 전송할 주소에 입력한 뒤, 참여할 금액을 정한다. 가스한도를 입력한 뒤 거래 생성, 거래 보내기를 차례대로 클릭하면 ICO 참여가 완료된다.

EOS ICO 모집 화면

EOS ICO 참여 주소

MEW에서 ICO 참여하기

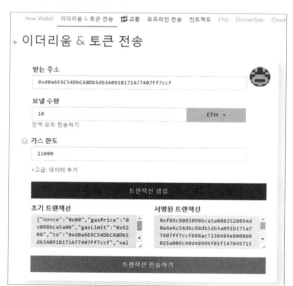

이제 이오스의 ICO에 성공적으로 참여했다. 이오스뿐 아니라 다른 ICO 프로젝트도 같은 방식으로 진행이 되므로, 해당 예제와 같은 방법으로 ICO에 참여가 가능하다.

# 블록체인 비즈니스에
# 동참하라

블록체인 플랫폼의 등장은 블록체인 재테크를 더욱 확장시키고 있으며, 다양한 블록체인 프로젝트 중에서는 기존 중앙집중 시스템에서 상상하지도 못한 방법으로 재테크가 가능하다.

암호화폐, 블록체인에 대한 직접적인 투자 외에도 블록체인 세계에서는 다양한 재테크 수단이 있다. 이더리움 같은 블록체인 플랫폼의 등장은 블록체인 재테크를 더욱 확장시키고 있다. 또한 블록체인 플랫폼의 발달로 다양한 디앱이 등장 중이다. 이와 같이 다양한 블록체인 프로젝트 중에서는 기존 중앙 집중시스템에서 상상하지도 못한 방법으로 재테크가 가능하다.

SNS에 글을 올리는 것만으로 돈을 벌 수 있으며, 당신이 블록체인에 등록한 사진의 저작권을 판매할 수도 있다. 또한 취미로 만든 음악을 업로드하면 그에 대한 저작권을 사람들이 사가기도 한다. 심지어 블록체인 상에 당신의 기업을 설립할 수도 있다. 이와 같이 블록체인 위에서는 모든 것의 자산화가 가능하다. 심지어 게임을 하는 것만으로 보상을 받을 수 있는 블록체인도 존재한다.

세상에는 공짜가 없다. 그렇다면 블록체인 상 지급되는 보상은 대체 누가 지급하는 것일까? 어떤 시스템에 사용자가 몰리고 각기 다양한 정보를 교환할 때, 해당 시스템은 가치를 가지게 된다. 사용자가 많으면 많을수록, 정보의 질이 높으면 높을수록 해당 시스템의 가치는 높아진다. 하지만 기존 중앙집중형 시스템의 경우 중앙 관리 주체가 전체 시스템의 자원을 독차지한다. 시스템에서 창출되는 이익을 사용자들에게 자발적으로 분배하지 않는 이해 사용자들은 이익을 얻을 수 없게 되는 것이다.

하지만 사용자들은 시스템에서 교환하는 정보에 대한 니즈로 계속해서 정보를 생성하며 이용하게 된다. 이런 중앙 집중형 시스템을 블록체인으로 구현한다면 어떨까? 사용자의 참여로 생성된 정보와 트래픽은 전체 블록체인 시스템의 수익으로 이어지며, 이는 모든 사용자에게 자동적으로 분배된다. 이처럼 블록체인을 통해 기존 중앙 시스템이 가져가는 이득을 배분받을 수 있는 것이다.

**다양한 디앱들(stateofthedapps.com)**

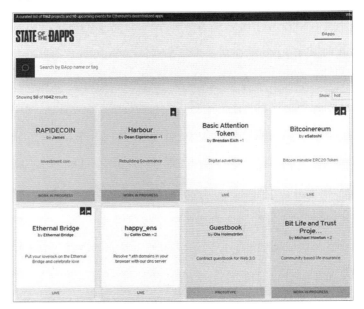

## SNS에 글만 써도 돈이 된다, 스팀잇(Steemit)

스팀잇(Steemit)은 블록체인으로 구현된 SNS이다. 기존 SNS는 중앙 시스템에 가입자의 포스팅 및 게시글이 등록되며 사용자들이 소통을 한다. 인스타그램, 페이스북, 네이버 블로그 등 현존하는 다양한 SNS는 모두 중앙집중화된 네트워크를 기반으로 한다.

이러한 SNS를 운영하는 기업은 모바일 기기 및 네트워크의 발달에 따라 수많은 가입자를 보유하고 있다. 이에 따라 막대한 수익을 창출하며 성장했다. 다양한 글을 올리며 소통하는 것은 SNS 사용자들인데 수익은 전부 SNS 기업이 독점한다.

그렇다면 인스타그램, 페이스북과 같은 중앙 시스템 없이 운영되는 SNS가 등장한다면, 발생하는 수익을 사용자들에게 분배할 수 있지 않을까? 이러한 관점에서 등장한 SNS가 스팀잇이다.

스팀잇은 중앙 시스템이 필요없는 블록체인 기술을 통해 사용자들과 시스템만으로 운영되는 SNS를 구현했다. 기존 블로그나 SNS에서 사용자가 수익을 창출하는 방법은 자신의 계정에 광고 배너를 달거나 협찬 물품을 리뷰하는 등의 광고 수익밖에 없었다.

하지만 블록체인으로 구현된 스팀잇에서는 사용자가 글을 올리면 이에 따른 보상이 발생한다. 스팀잇에 글을 포스팅하게 되면, 이에 대해 사용자들이 투표를 하게 된다. 그리고 투표한 만큼의 보상이 글쓴이에게 돌아간다. 스팀잇은 해당 보상을 스팀(Steem)이란 토큰으로 지급하며, 스팀은 스팀잇 플랫폼 상에서 사용되는 암호화폐로 실물화폐로 교환이 가능하다.

또한 투표자에게도 일정 부분이 보상으로 돌아간다. 즉 투표자에게도 보상을 지급함으로써 포스팅을 읽은 사용자는 투표

스팀잇

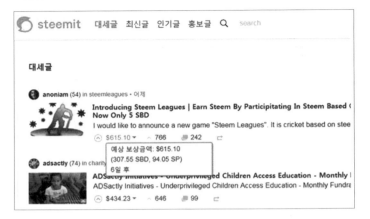

에 대한 니즈가 생기게 된다.

다만 무분별한 투표를 막기 위해 투표권은 한정되어 있으며 매일 일정 수준이 충전된다. 즉 투표자는 높은 보상을 얻기 위해 좋은 포스팅에 한정된 투표를 하게 되는 것이다. 좋은 글을 올릴수록 많은 사용자가 읽게 되고, 투표수가 늘어나게 된다. 사용자들은 높은 보상을 위해 자연스럽게 포스팅의 질을 올리게 되고, 스팀잇의 가치는 상승한다.

이제 당신은 스팀잇을 이용해 보유한 지식을 스팀으로 교환할 수 있다. IT 전공자라면 IT에 관련된 내용을 포스팅해도 되며, 요리에 자신이 있다면 요리 레시피를 올려도 된다. 소설을 연재해도 되며, 웹툰을 연재할 수도 있다. 스팀잇의 블록체인을 통해서는 모든 무형자산의 유형자산화가 가능하다. 스팀잇의 블록체인에 참여해 무위험 재테크를 시도해보자.

현재 스팀은 시가총액 8.7억 달러로 전체 암호화폐 26위에 랭크되어 있다. 아직 사용자 수가 많지 않아 다양한 포스팅이 올라오지는 않는다. 하지만 보상시스템에 따른 사용자 유입은 다양한 포스팅으로 이어지며, 이는 다시 사용자 증가로 이어지는 선순환을 기대한다.

## 개인 사진의 저작권료를 받자, 코닥원(KodakOne)

코닥(Kodak)은 코닥필름으로 유명한 필름 제조 회사이다. 하지만 디지털화 되는 사진산업에 대응하지 못하며, 2013년 기업회생 절차까지 진행하게 된 비운의 회사이다.

과거의 실패를 통해 많은 것을 배운 것일까? 코닥은 현재 가장 주목 받는 기술인 블록체인을 적극 활용하기로 결정했다. 블록체인을 통해 사진작가들의 사진에 대한 저작권을 관리 및 거래하겠다는 것이다. 블록체인으로 구현된 코닥원 플랫폼에 사진작가의 작품을 등록하고, 사용자들은 블록체인 상에서 해당 작품을 구매하고 판매한다는 것이다. 또한 이미지 불법도용

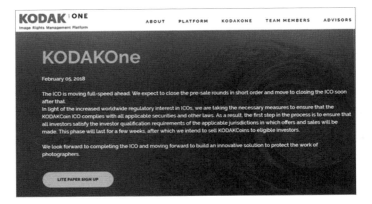

등 저작권 관련 문제들을 블록체인 시스템을 이용해 관리할 것임을 밝혔다.

블록체인에 기록된 정보는 수정이 불가능하며 영구적으로 기록된다. 저작권 기록에 이보다 유리한 시스템은 없을 것이다. 저작권의 매매도 간단해진다. 기존 저작권 거래에 따른 절차와 비용이 필요 없어질 것이며, 이는 이미지 불법도용 같은 복제 문제 해결에도 긍정적이다. 현재 사진작가들은 자신의 사진의 도용을 막기 위해 법률사무소에 막대한 비용을 지불하고 있다.

이는 프로작가들의 저작권 보호뿐 아니라 아마추어 작가들의 새로운 성장 발판이 될 수 있다. 블록체인에 저작권을 등록함으로써 아마추어 작가들은 비싼 저작권 등록비용을 아낄 수 있으며, 공개된 블록체인을 통해 자신의 작품들을 더욱 널리 알릴 수 있게 된다.

코닥원이 런칭되면 당신이 찍은 사진도 코닥원의 블록체인에 등록함으로써 자산화시킬 수 있다. 단순히 커뮤니티에 올리던 당신의 사진이 훌륭한 자산이 될 수 있는 것이다.


## 음악으로 돈을 벌자, 뮤지코인(Musicoin)

스팀잇은 포스팅으로 보상을 받고, 코닥원은 사진으로 보상을 받는다면, 뮤지코인(Musicoin)은 음악으로 보상을 받을 수 있다. 뮤지코인의 블록체인을 통해 아티스트는 음악의 라이선스를 자동적으로 등록할 수 있으며, 음원 수익을 가져갈 수 있다.

현재 음원시장의 구조에서는 음악이 소비자에게 오기까지 많은 과정을 거친다. 이에 따라 아티스트의 저작권료는 낮아지며 소비자의 음원 비용은 높아진다. 하지만 블록체인을 통해 아티스트와 소비자를 직접 연결하게 된다면 중간 과정에서 소비되는 비용이 사라지게 된다. 게다가 블록체인 상 기록된 음원에 대한 저작권은 모든 블록이 검증하는 만큼 확실하게 보호된다.

뮤지코인

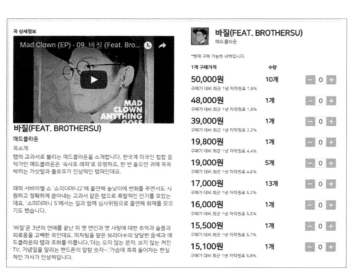

뮤지코인의 스마트 컨트랙트를 통해 소비자와 아티스트 간의 음악 거래는 확실하고 안전하게 진행된다. 뿐만 아니라 다양한 아티스트의 등장에도 긍정적이다. 무명 아티스트의 음악을 뮤지코인을 통해 공개함으로써 소비자는 저렴한 비용으로 해당 아티스트의 음악을 구매할 수 있다. 이를 통해 기존 시스템에서는 접하기 힘들었던 훌륭한 무명 아티스트의 음악을 접할 수 있게 된다.

또한 음악을 취미로 하던 사람들도 자신의 음악을 판매할 수 있다. 중개수수료가 없으며 음악재생비가 없는 블록체인 시스템은 모든 사람들이 이용할 수 있는 음반 판매장이 되는 것이다. 만약 당신이 취미가 음악이라면, 뮤지코인을 통해 자신만의 음악을 판매하는 것도 가능하다.

또한 뮤지코인을 이용하면 음악을 구매해 단순히 음악을 듣는 것뿐만 아니라 해당 곡의 저작권 자체를 구매할 수 있다. 아티스트는 보유한 저작권의 지분을 나누어 블록체인 상에서 판매를 하게 되며, 사용자는 원하는 만큼의 저작권의 지분을 구매한다. 이를 통해 해당 곡의 저작권 수입의 일부를 가져갈 수 있게 되며, 보유 지분은 재판매가 가능하다. 자신이 좋아하는 곡을 구매하고 듣는 것에서, 해당 곡의 지분을 구매함으로써 그 곡의 주인이 될 수 있다.

# 블록체인 위에 당신의 기업을 만들어라, 아라곤(Aragon)

블록체인을 통한다면 다양한 분야의 탈중앙화가 가능하며 뮤지코인 같이 저작권 등 무형 자산의 탈중앙화도 가능하다. 아라곤(Aragon)은 이러한 서비스에서 더욱 나아갔다. 아라곤은 아예 블록체인 상에 기업과 조직을 만들 수 있게 하는 플랫폼인 것이다.

탈중앙화된 기업/조직을 아라곤에 있는 디앱을 통해 구성하고 관리할 수 있다. 이를 통해 거리, 공간에 구애 받지 않는 기업을 구성할 수 있다. 아라곤의 목표는 탈중앙화된 기업/조직을 통해 중앙집중화된 기존 기업/조직의 한계를 넘어서고, 기존 기업/조직의 문제점을 해결하는 것이다.

아라곤의 핵심 기능은 '자금관리, 자금조달, 의사결정, 회계, 인사관리'이다. 아라콘을 통해 구성된 기업의 자기자본은 아라콘 내 토큰으로 관리된다. 그리고 기업의 구성원 각자가 보유한 토큰만큼 기업의 지분이 결정된다. 또한 해당 토큰은 개인의 필요에 따라 쉽게 양도가 가능하다. 기업의 자금조달은 아라곤 내 디앱을 통해 ICO 같은 방식의 크라우드펀딩을 이용해 진행된다. 즉 은행 및 기존 금융권을 통하지 않고 아라곤 블록체인을 통한 P2P 펀딩이 가능하다.

아라곤

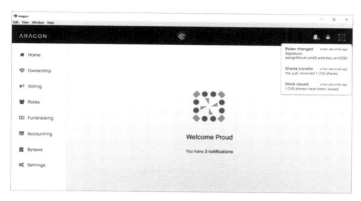

　기업의 의사결정은 투표를 통해 결정된다. 기업 구성원들의 블록체인 상의 온라인 투표는 위조가 불가능하다. 회계 또한 아라곤 블록체인에 기록되며 투명한 처리와 영구적인 보관이 가능하다. 사전에 설정된 규칙에 따라 자동적으로 처리되는 회계 방식을 통해 기업은 투명하게 운영될 수 있다. 인사관리 또한 투명하게 진행될 수 있다. 아라곤 프로젝트에 설정된 스마트 컨트랙트에 따라 직원의 성과가 투명하게 기록되며 이에 따른 보수가 지급된다.

　아라곤은 탈중앙화된 기업의 복잡한 기술적 구현을 단순한 툴을 통해 비교적 쉽게 구현해준다. 또한 기존 기업 설립에 들어가는 천문학적인 비용이 획기적으로 절약되며, 적은 인력으로 조직 구성이 가능하게 된다.

아라곤은 현재 0.5 알파 버전까지 출시되어 있다. 조만간 정식 버전이 등장할 것으로 기대한다. 만약 당신이 법인 설립을 준비 중이라면 아라곤을 통한 탈중앙화 기업을 설립하는 것도 비용 절감과 효율성 측면에서 좋은 선택이 될 것이다.

# 에스토니아
# 시민이 되자

에스토니아는 블록체인 기술을 가장 빠르게 도입하는 국가로 유명하다. 또한 전자 시민권을 발급하여 글로벌 모든 국가 사람들이 자국에서 블록체인에 대한 사업을 할 수 있는 환경을 조성하고 있다.

## 블록체인 공화국
## 에스토니아

에스토니아(Estonia)는 북유럽 발트 3국 중 최북단에 위치한 국가이다. 대한민국의 45% 정도 크기의 영토를 가지고 있으며, 약 130만 명의 작은 인구로 구성되어 있다. 에스토니아는 Skype가 탄생한 국가로 유명하며, 블록체인 기술을 가장 빠르게 도입하는 국가로도 유명하다.

에스토니아 전자 시민권 발급 및 법인 설립 현황

또한 세계 최초로 전자 시민권(E-Residency)을 발급하며, 누구에게나 자국 내 법인을 온라인으로 설립할 수 있는 시스템을 보유하고 있다. 블록체인을 활용한 전자투표 시스템도 가장 먼저 채택했다. 2014년 유럽 의회 선거에서 에스토니아 투표자 중 1/3은 98개국에서 블록체인을 통한 전자투표를 한 것으로 조사되었다.

심지어 에스토니아는 국가 공식 암호화폐인 에스트코인을 중앙은행을 통해 ICO를 진행할 예정이다. 에스트코인은 에스토니아 전자 정부 시스템의 대체 화폐로 사용될 예정이며 유로화와 연결될 계획이다. 현재 에스토니아에는 154개국 33,438명이 전자 시민권을 발급받아 5,033개의 법인을 설립했다.

# 전자 시민권(E-Residency)
# 만들기

에스토니아는 작은 인구를 극복하기 위해 전세계를 대상으로 전자 시민권을 발급하고 있다. 이는 이름만 그럴듯한 전자 증서가 아니다. 실제로 전자 시민권을 발급받게 되면 에스토니아 소재의 법인을 설립할 수 있으며, 에스토니아의 은행 계좌를 개설하고 금융 거래가 가능하게 된다.

또한 이는 발급받은 전자 시민권을 통해 온라인으로 100% 처리가 가능하다. 전자 시민권이 비자를 대신하는 것은 아니지만, 행정적인 업무는 거의 대부분 처리가 된다.

만약 당신이 유럽 국가에 판매할 상품을 준비 중이라면, 에스토니아의 전자 시민권을 발급받아 복잡한 서류절차를 건너뛸 수 있다. 그리고 블록체인 프로젝트의 ICO를 진행할 계획이 있다면 반드시 에스토니아의 전자 시민권을 만들도록 하자. 이미 국내 법인으로 진행하는 ICO는 전면 금지된 상황이다. 즉 에스토니아 전자 시민권을 통해 법인을 설립한다면, 당신은 EU 소재의 ICO를 진행할 수 있다.

에스토니아 전자 시민권을 발급받기 위해서는 에스토니아 전자 정부 홈페이지를 방문하면 된다. https://e-resident.gov.ee 에서 전자 시민권을 발급하고 있으며, 발급 비용 100유로와

**에스토니아 전자 시민권**

출처: 에스토니아 전자 정부

**에스토니아, 전자 시민권 온라인 발급 화면**

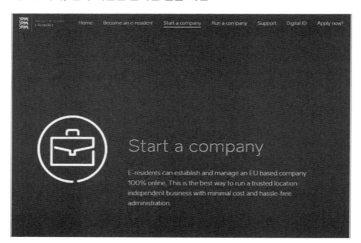

여권 사진만 있으면 발급이 가능하다. 이 사이트에서 이름 및 주소, 여권 번호를 입력하고 사진을 등록한 뒤 100유료를 결제하면, 2~3주 뒤 국내 에스토니아 대사관에서 아래와 같은 전자 시민권을 발급받을 수 있다.

블록체인에 대한 이해, 암호화폐에 대한 이해를 바탕으로 당신은 직접 암호화폐를 만들 수 있다. 중요한 것은 아이디어다. 블록체인은 당신의 아이디어를 돈으로 바꿔주는 통로가 될 수 있다.

# 5장

# 나만의
# 암호화폐 만들기

# 비즈니스 모델
# 구상

블록체인 플랫폼 위에 당신의 톡톡 튀는 아이디어를 얹어 하나의 서비스를 블록체인에서 제공할 수 있다.

## 모든 비즈니스는 블록체인으로
## 구현 가능하다

블록체인을 통해서는 현실에 존재하는 모든 비즈니스 모델은 블록체인으로 구현 가능하다. 1~4장까지 블록체인의 특성과 역사, 기술발전 흐름에 대해 알아보았으며 블록체인을 활용한 비즈니스를 준비하는 기업들에 대해서도 알아보았다.

　다양한 ICO와 이에 대한 투자 방법도 알게 되었고, 블록체인에 직접 참여해 보상을 얻는 재테크 방법도 배웠다. 가능한 대부분의 블록체인 투자에 대해서 소개했으나 마지막 한 가지 방법이 남았다. 바로 직접 블록체인 프로젝트를 준비해 ICO에 성공하는 방법이다.

비탈릭 부테린, 댄 라리머처럼 대형 플랫폼 프로젝트를 진행하자는 것이 아니다. 이더리움 같은 강력한 블록체인 플랫폼 위에 당신의 톡톡 튀는 아이디어를 얹어 하나의 서비스를 블록체인 상에서 제공하자는 것이다.

코딩에 대해 알지 못하고, 프로젝트를 구현하는 방법을 모르더라도 상관없다. 당신의 아이디어가 뛰어나고 사업성이 크다면, 마련된 블록체인 플랫폼 위에 프로젝트를 구현할 개발진들을 섭외하는 것은 어려운 일이 아니다.

블록체인은 세상 모든 것을 담을 수 있다고 앞서 1장에서 소개했다. 당신은 주변의 경험을 토대로 아이디어를 낼 수 있다. 당신의 아이디어에 도움을 주기 위해 필자가 생활에서 발견한 아이디어를 바탕으로 한 블록체인 비즈니스 모델 몇 가지를 예시로 들어보고자 한다.

첫째, 영화리뷰다. 많은 사람들은 신작 영화가 나오면 항해 평론가의 영화리뷰, 그리고 평점을 확인한다. 요즘은 블로그를 통해 일반 관객의 리뷰도 많이 올라오고 있다. 오히려 평론가의 리뷰보다 눈높이가 비슷한 일반 관객의 리뷰가 도움이 될 때도 많다.

그렇다면 이러한 영화리뷰 서비스를 블록체인에 구현한다면 어떨까? 리뷰어와 독자로 구성된 블록체인은 리뷰의 숫자가 늘어나고 독자수가 증가할수록 성장할 수 있다. 리뷰에 대한 보상으로 토큰을 지급하면 다양한 독자와 평론가들의 리뷰가 증가할 것이다.

또한 독자들은 해당 영화에 대한 평점을 매기며 실제 영화 흥행 성적에 따라 독자들에게도 일정 토큰을 지급한다. 이를 통해 흥행 가능성이 높은 좋은 영화의 리뷰는 늘어나고 독자들의 구독도 늘어날 것이다.

둘째, 블록체인 음원 스트리밍이다. 요즘 대부분의 사람은 멜론 같은 음원 스트리밍 서비스를 사용한다. 이러한 음원 서비스는 상당한 금액을 음원 사용료로 받고 있다. 하지만 실제 사용자가 지급하는 사용료 중 아티스트에게 돌아가는 금액은 크지 않다. 오히려 중간의 스트리밍 서비스 업체가 더 높은 수익을 가져가고 있다.

블록체인으로 아티스트와 사용자를 연결한다면 합리적인 이용료로 음원을 이용할 수 있게 된다. 사용자는 음원을 스트리밍 할 때마다 소량의 토큰을 아티스트에게 지급하게 되며, 시스템이 가져가는 수수료가 없기 때문에 아티스트들은 기존 시스템 대비 높은 수익을 가져갈 수 있다.

셋째, 다양한 경쟁 서비스다. 친구들과 당구장을 가면 자장면 내기를 할 경우가 있다. 요즘은 피시방에서 게임을 하며 게임방 비용에 대한 내기를 하기도 한다. 그렇다면 원격으로 불특정 다수와 내기를 하면 어떨까? 블록체인을 통해 연결된 사용자들은 정해진 규칙에 따라 내기를 할 수 있다. 각자 자신의 토큰을 걸고 조건을 제시한 다음 모든 것에 대한 내기를 할 수 있다. 한일전 축구경기에서 일본인과 토큰을 건 내기를 하는 것도 가능하다. 또한 해당 내기는 공개되므로 다른 사용자들도 동일한 내기에 토큰을 걸 수 있다.

# 간단한 암호화폐
# 만들기

이더리움은 강력한 블록체인 플랫폼이다. 이제 이더리움 위에 당신만의 암호화폐를 만들어 보자.

## MetaMask를 이용한
## ERC20 기반 코인 만들기

블록체인 프로젝트에 대한 아이디어를 구상했다면, 이제 이더리움 기반의 간단한 토큰을 만들어보자. 당신이 코딩에 대한 지식이 없더라도 이더리움 공식 홈페이지에 나와 있는 코드를 통해 단순한 토큰을 만들 수 있다.

　우선 이더리움 지갑 프로그램인 메타마스크(MetaMask)를 설치하자. 메타마스크는 https://metamask.io 에서 무료로 다운받을 수 있다. 메타마스크를 설치하고 지갑을 만들면 다음과 같은 지갑 화면이 뜬다.

지갑이 생성되었으면 https://remix.ethereum.org에서 토큰 생성에 필요한 코드를 블록체인에 올릴 수 있다.

다음 화면이 뜨면 https://ethereum.org/token에서 복사한 코드를 코드 입력란에 붙여 넣는다.

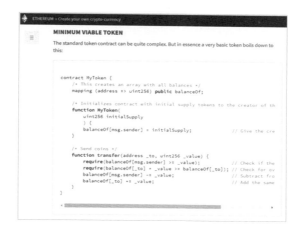

코드 입력 후 Run 메뉴로 들어간 다음 발행을 원하는 토큰 량을 입력한 후 Create를 클릭하면, 아래 부분에 생성된 토큰 코드의 블록체인 주소가 뜬다.

해당 주소를 메타마스크의 Add 토큰에 붙여넣고 Add를 클릭하면 이제 당신의 토큰이 완성되었다.

아무런 기능이 없는 토큰이긴 하지만 이제 당신만의 토큰이
생긴 것이다.

블록체인 플랫폼 위에 당신의 아이디어를 얹어 하나의 서비스를
블록체인에서 제공할 수 있다. 즉 모든 비즈니스는 블록체인으로
구현 가능하다는 것이다.

대기업 외 중소기업의 블록체인 비즈니스 확대도 주목해야 한다. 대기업과는 다르게 이들 기업의 블록체인 비즈니스는 전사에 미치는 비중이 상대적으로 크다. 때문에 해당 기업의 기업가치도 블록체인 기술개발과 동시에 큰 폭으로 성장할 가능성이 높다. 국내에서는 보안업체들의 블록체인 기술도 입이 가장 빠르게 진행되고 있으며 암호화폐 거래소를 운영 하거나 투자하는 회사들도 빠르게 늘어나고 있다.

# 6장

# 블록체인,
# 어떤 기업에 투자할 것인가?

# 국내 블록체인 테마주는
# 이제 시작이다

국내는 대기업 SI 업체들의 블록체인 솔루션 개발을 중심으로 다양한 중소기업, 벤처기업들의 블록체인 신 비즈니스 모델 도입이 시작되고 있다. 특히, 중소기업의 경우 블록체인 비즈니스를 통한 폭발적인 성장이 전망된다.

전세계적으로 블록체인에 대한 투자가 확산되는 가운데 국내에서는 어떤 기업들이 블록체인에 대해 투자를 진행하고, 블록체인을 활용한 비즈니스를 시작하고 있을까? 우선 국내 대기업들은 블록체인 관련 솔루션을 개발 중이다. 블록체인 솔루션을 통해 블록체인 생태계의 기반을 잡겠다는 전략으로 삼성SDS, LG CNS, SK C&C 3개 사가 주도하고 있다. 이들 기업은 대기업 SI 업체 특성상, 안정적인 기존 사업의 실적을 보유하고 있어 안정적인 기술개발이 가능하다. 대기업 외 중소기업의 블록체인 비즈니스 확대도 주목해야 한다. 대기업과는 다르게 이들 기업의 블록체인 비즈니스는 전사에 미치는 비중이 상대적으로 크다. 때문에 해당 기업의 기업가치도 블록체인 기술개발과 동시에 성장 가능성이 높다.

국내에서는 보안업체들의 블록체인 기술도입이 가장 빠르게 진행되고 있으며 암호화폐 거래소를 운영하거나 투자하는 회사들도 빠르게 늘어나고 있다.

### ■ 삼성SDS(018260)

삼성그룹의 SI 담당 기업으로 시스템 구축 및 소프트웨어 개발과 물류 사업을 영위한다. 동사의 사업 부문은 IT서비스와 물류BPO 부문으로 구성되어 있으며, IT서비스는 컨설팅/SI·아웃소싱 서비스, 물류BPO는 글로벌 통합 물류를 실행하는 제4자 물류(4PL) 사업을 하고 있다.

삼성SDS는 국내 기업 중 가장 적극적으로 블록체인 사업에 진출하고 있다. 자체 개발한 블록체인 플랫폼인 넥스레저(NexLedger)로 글로벌 블록체인 시장에 진출하는 것이 목표다. 이미 해운물류 시장에 블록체인 플랫폼을 적용해 시험 운항에 성공했으며, 은행권 공동 고객 인증시스템 시범 사업을 수주하며 발빠른 행보를 보이고 있다.

## ■ SBI핀테크솔루션(950110)

SBI그룹의 전자지급결제서비스를 담당하는 핀테크 기업이다. 일본PG시장 M/S 7위 업체로 자회사로 SBI소셜렌딩, SBI레밋, SBI비즈니스솔루션을 보유하고 있다.

동사는 자회사 SBI레밋을 통해 리플(Ripple)을 활용한 국제송금시장 진출을 준비 중이다. 리플 네트워크를 이용해 기존 국제송금 서비스 대비 대폭 낮은 수수료 책정이 가능하다. 이미 일본에서 일본↔태국 간 송금 서비스를 진행 중이다. 국내에서도 동남아 향 국제 송금 서비스를 시작할 예정이다. 기존 서비스 대비 낮은 수수료를 강점으로 빠르게 시장에 침투할 것으로 전망된다.

## ■ SBI인베스트먼트(019550)

SBI그룹의 창업투자 부문을 담당하고 있다. 주요 사업 부문은 벤처기업에 대한 투자, PEF 설립, M&A 등이며, 현재 약 800개 이상의 벤처기업에 투자 중이다. 국내에서 암호화폐 거래소를 운영중인 코인플러그, 비티씨코리아닷컴에 투자를 진행하며 주요 주주에 기록되어 있다.

일본의 SBI그룹은 블록체인 관련 투자를 활발히 진행하고 있으며, SBI인베스트먼트도 국내에서 블록체인 관련 투자를 지속적으로 진행중이다.

### ■ SCI평가정보(036120)

민간업계 최초의 채권추심업으로 시작한 신용평가기업이다. 신용조회업으로 사업을 확장했다. 2016년 신용평가 부문을 물적 분할해 신용평가업은 종속회사인 서울신용평가에서 담당하고 있다.

SCI평가정보는 암호화폐 거래소 '에스코인'에 투자해 운영 중이고, 블록체인 기술 확장과 시장 확대는 필연적인 암호화폐 거래량 증가와 연관을 갖고 있다. 아직 초기 단계인 거래소 시장은 지속적인 성장에 기대를 보인다.

### ■ 우리기술투자(041190)

국내 반도체 장비 및 설비 업체들이 설립한 창업투자회사다. IT부터 바이오에 이르기까지 다양한 벤처기업에 투자를 영위하고 있다. 특히 암호화폐 거래소 업비트를 운영중인 두나무에 투자 중으로 블록체인 벤처에 대한 투자도 시작한다. 지속적인 블록체인 벤처에 대한 투자 진행을 통해 과거 IT 및 바이오 벤처 못지 않은 투자 수익 창출이 가능하다.

### ■ 옴니텔(057680)

모바일 방송서비스 사업을 영위하는 기업이다. 2017년 암호화폐 거래소 빗썸을 운영하고 있는 비티씨코리아닷컴에 지분

투자를 진행중이다. 또한 비티씨코리아와 함께 각각 25억 원을 출자해 코인스닥을 신규 설립했다. 코인스닥은 암호화폐 거래소 사업을 목적으로 오픈 준비중이다.

■ 젬백스테크놀러지(041590)

2002년 상장한 LCD 모듈 제조회사다. 2018년 에너지 관리 시스템 업체인 유엠에너지 인수를 통해 에너지 관련 기업으로 변화 중이다. 자회사 유엠에너지는 신세계그룹 내 에너지관리 시스템을 운영하고 있으며, 블록체인을 통한 전력거래 플랫폼을 준비 중이다. 개인간 전력거래를 블록체인을 통해 구현함으로써 안정성과 보안성 높은 플랫폼 구축이 가능할 것이다.

■ 파수닷컴(150900)

2000년 설립된 소프트웨어 보안업체다. 기업문서 보안솔루션이 주요 매출원이며 전자책 DRM 솔루션을 공급중이다. 2018년 상반기 중 블록체인 기반의 문서 플랫폼 '랩소디' 출시 예정이다. 문서의 생성에서 삭제까지 모든 과정에 있어 블록체인 기술을 활용해 문서의 신뢰성 확보와 보안성 강화를 높일 것으로 예상된다.

■ 한컴시큐어(054920)

보안인프라 업체로 DB보안, 결제보안 등의 암호인증 서비스를 제공 중이다. PKI와 데이터암호를 기반으로 한 보안 솔루션이 주요 매출원이다. 현대페이와 블록체인 기반의 플랫폼 및 서비스 개발 기술협력에 대해 합의한 후, 블록체인 기반의 보안솔루션을 개발 중이다. 대기업 주도의 첫번째 암호화폐 프로젝트 관련 보안솔루션에 참여함으로써 동사의 블록체인 보안 솔루션의 수혜가 가능할 것이다.


■ 드림시큐리티(203650)

PKI 기반의 보안 및 인증솔루션 공급 업체다. 전국은행연합회 추진의 18개 은행 공동 블록체인 인증시스템 구축사업에 참여하며, 블록체인 보안 기술에 대해 인증을 받고, 해당 사업에 삼성SDS와 함께 참여하며 향후 다양한 블록체인 사업 진출이 가능할 것으로 기대되는 상황이다.


■ 라온시큐어(042510)

모바일 및 PC 보안솔루션 전문업체다. 모바일 필수 보안솔루션 및 인증솔루션을 모두 보유하고 있으며, 국내 주요 은행들을 고객으로 확보하고 있다. 최근 FIDO 생체인증 사업을 국내에서 선도하고 있으며 은행, 카드, 보험 등 다양한 금융권에 FIDO 인증솔루션을 공급하고 있다. 최근 블록체인 전문기업 더루프와 블록체인 기반의 생체인증 시스템 개발에 대한 MOU를 체결했다. 이에 따라 블록체인 기반인증 시스템 시장에 진출함으로써 인증보안 시장 점유율 상승을 기대하고 있다.

### ■ SGA솔루션즈(184230)

서버보안, 암호/인증, 문서보안 등 종합 보안솔루션 업체다. 자회사로 SGA블록체인을 신설하며 암호인증 기술 기반의 블록체인 플랫폼을 개발할 예정이다. 이에 따라 블록체인 시스템 구축 시장에 진출해 초기 시장을 선점한다는 계획도 있다. 이미 2017년 삼성SDS와 함께 은행 공동 블록체인 인증 시스템 구축 사업에 참여해 서버 보안솔루션을 공급한 전력이 있어 향후 블록체인 플랫폼 사업도 기대 중이다.

# 해외 블록체인 테마주는
# 가파르게 성장 중이다

해외 업체들은 이미 블록체인 기술에 대한 주가 반영이 시작되었다. 그리고 정보의 비대칭성이 큰 해외 중소형주에 투자하기 보다 IBM과 같은 대형주에 투자하길 추천한다.

해외 블록체인 테마주는 2016년 이후 블록체인에 대한 가치를 부각받으며 높은 주가 수익률을 기록하고 있다. 2013년 사업악화에 따른 기업회생 절차까지 진행했던 코닥(Kodak)은 코닥코인(Kodak coin)에 대해 발표하면서 주가가 급등하고 있다. 또한 IBM은 프라이빗 블록체인 플랫폼 사업을 시작하며 기업 성장성에 대해 새로운 가치를 부여 받고 있다. 코닥·IBM 뿐 아니라 많은 해외 기업이 블록체인 프로젝트를 발표하며 시장의 기대감을 받는 동시에 주가도 큰 폭 상승하고 있다. 미국의 경우 국내보다 훨씬 빠른 속도로 블록체인 관련 회사들이 생겨나고 있으며 이미 주가 급등을 기록한 경우도 많다. 해외 테마주에 투자하기 위해서는 벤처기업 보다 대형 IT 업체를 선택하는 것이 좋다. 국내 업체들과는 다르게 얻을 수 있는 정보가 한정되어 있어 이에 따른 리스크가 커 손실의 위험이 높다. 해외 업체 중 블록체인에 대해 가장 많은 기술을 확보하고 있는 기업은 단연 IBM이며 일본의 금융 서비스 회사인 SBI홀딩스 또한 적극적인 기술 투자를 진행 중이다.

■ IBM

컴퓨터 하드웨어, 소프트웨어 및 각종 IT 서비스를 제공하는 글로벌 IT 기업이다. 블록체인 관련 기술 개발에 가장 적극적인 기업으로 하이퍼레저 컨소시움에 참여해 하이퍼레저 패브릭 개발을 주도했다. 이를 통해 블록체인을 각 산업으로 확장하는 데 큰 기여를 하고 있다.

프라이빗 블록체인 플랫폼 시장을 이미 선점해 향후 블록체인 내 높은 점유율을 보유할 것으로 보인다. 이미 머스크와 함께 물류 산업에 블록체인을 도입했으며, 월마트와 함께 유통 산업에도 블록체인을 도입했다. 최근에는 블록체인 기술을 이용해 세계에서 가장 작은 컴퓨터를 설계하고 해당 컴퓨터는 1mm 수준으로 5년 내 공개될 예정이다.

■ SBI홀딩스(SBI Holdings)

일본 SBI 그룹의 지주회사다. 블록체인 기술에 가장 적극적인 기업으로 선정되었다. 2012년부터 5년간 미국 가상화폐 거래소 '크라켄'과 가상화폐 리플코인 개발업체 '리플', 세계 최대 금융특화 블록체인 컨소시엄 'R3' 등 총 8개 블록체인 기업에 투자했다. 금융업계 중 가장 적극적으로 블록체인 기술을 도입하고 있어 향후 성장이 기대된다.


■ 오라클(Oracle)

오라클은 미국의 대표적인 거대 소프트웨어 기업이다. 기업용 DB 시장에서 막대한 MS를 확보하고 있다. 블록체인 시장 확대에 따라 동사는 클라우드 기반의 블록체인 서비스를 출시 준비 중이다. 오라클은 기업을 위한 정보 저장, 공유 서비스를 블록체인 기반으로 구현해 제공할 계획이다. 기존의 중앙집중형식의 DB 서비스를 블록체인 기반의 서비스로 전환하며, 보다 높은 안정성·낮은 비용·보안성을 내세워 신 시장을 개척할 계획이다.


■ 코닥(KODAK)

코닥은 카메라 및 필름 제조로 시작했으나 재정악화로 매각 후 현재는 이미지 솔루션 제공 기업으로 회생되었다. 최근 코닥 코인에 대한 ICO를 준비하며 퍼블릭 블록체인 시장에 진출했다. 코닥은 코닥 코인을 통해 사진 저작권에 대한 거래및 관리 서비스를 당사의 코닥 코인으로 제공할 예정이다. ICO를 지켜봐야 할 것이지만, 동사의 신 성장동력이 될 가능성이 있다고 판단한다. ICO가 성공한다면 기업의 ICO 사례로 남게 될 것이다.

### ■ 텔레그램(Telegram)

모바일 메신저 기업이다. 최근 암호화폐 그램스 발행을 준비하며 동사의 TON 플랫폼을 공개할 예정이다. 글로벌 10억 명의 가입자를 바탕으로 한 메신저 기반의 블록체인 플랫폼은 타블록체인 플랫폼 대비 높은 경쟁력을 가질 것으로 전망된다. 역대 최대 규모의 ICO가 진행될 것으로 기대되며, 글로벌 기업들의 투자 참여도 시작되고 있어 2018년이 기대되는 기업 중 하나다.

### ■ 세븐 스타스 클라우드 그룹(Seven Stars Cloud Group)

블록체인, 핀테크 기반 디지털금융 솔루션 제공업체다. 블록체인 기술 기반 기업의 결제 및 비용 감축 서비스를 제공한다. 블록체인 기반의 솔루션을 제공함으로써 고객들의 수수료 절감 및 각종 비용 절감을 가능하게 한다. 프라이빗 블록체인의 최대 목표가 이러한 비용 절감, 효율화 문제이며 동사의 솔루션은 성장 가능성이 높은 분야로 판단된다.

■ UEPS 테크놀로지(UEPS Technology)

스마트카드 서비스 업체다. 자회사로 암호화폐 결제처리 업체인 마스터 페이먼트(Master Payment)를 보유하고 있다. 특히 암호화폐 거래소 비트스탬프(Bitstamp)의 결제 서비스 파트너로 마스터 페이먼트를 선택했고, 암호화폐 시장 성장에 따라 거래소 업무는 확장되고 있다. 시장 선점의 효과가 기대되면서 대형 거래소의 결제 서비스를 담당하며 타 거래소로 확장될 전망이다.

해외 업체들은 이미 블록체인 기술에 대한 주가 반영이 시작되었다. 국내 또한 대기업 SI 업체들의 블록체인 솔루션 개발을 중심으로 다양한 중소기업, 벤처기업들의 블록체인 신 비즈니스 모델이 도입 중이다.

# 블록체인을 이해하기 위한
## 핵심용어집

- ICO: Initial Coin Offering의 약자. 블록체인 기반의 신규 프로젝트 진행을 위한 투자금을 조달하는 방법
- 알트코인: Alternative Coin의 약자. 비트코인 외 모든 암호화폐를 일컫는 말
- 프라이빗 블록체인(Private Blockchain): 프라이빗 블록체인은 허가된 사용자로 구성된 블록체인으로, 한정된 노드만 참여가 가능. 이에 따라 퍼블릭 블록체인 대비 속도 및 용량 측면에서 유리
- 퍼블릭 블록체인(Public Blockchain): 퍼블릭 블록체인은 누구나 제한 없이 네트워크에 참여 가능한 블록체인. 공개된 블록체인으로 정보의 열람이 누구나 가능. 이에 따라 투명성 및 신뢰성 확보 가능
- 블록체인: 블록(Block)이란 데이터 저장소가 P2P 방식 체인(Chain) 형

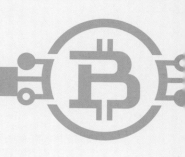

태로 연결된 분산 데이터 저장시스템. 데이터를 모든 참여 노드에 분산해 저장함으로써 임의 조작이 불가능하며 중앙주체가 필요없는 시스템

- 디앱(DAPP): Decentralized Application의 약자. 탈중앙화된 어플리케이션이란 말 그대로 탈중앙화된 블록체인 위에서 구현되는 다양한 서비스를 지칭

- 하드포크(Hard fork): 블록체인의 기능 업데이트나 수정이 필요할 때 체인을 2개로 나누어 새로운 블록체인을 만드는 것

- PoW(Proof of Work, 작업증명): 블록체인 합의알고리즘 중 하나. 연산력이 빠를수록 많은 블록 생성 권한을 부여하는 것

- DPoS(Delegated Proof of Stake, 위임지분증명): 블록체인 합의알고리즘

중 하나. 기존 PoW, PoS의 한계를 해결하고자 등장한 합의알고리즘
으로, 투표를 통해 소수의 대리인을 선출한 다음 대리인의 지분에 따
라 블록 생성 권한을 부여하는 것

• 노드: 네트워크 상 특정 지점을 가리키는 말. 블록체인에서의 노드는
트랜젝션 및 블록을 교환하는 사이트를 의미

• 컬러드코인: 비트코인 블록체인 상에서 현물자산을 디지털 자산으로
발행하는 기술

• 메타코인: 컬러드코인 같이 비트코인을 통해 현물자산을 디지털 자산
으로 발행하는 기술. 현물자산을 비트코인 블록체인에서 발행된 디지
털 자산과 매칭시켜 현물 자산의 소유권을 인증

• 스마트 컨트랙트: 블록체인을 통해 다양한 거래와 계약을 체결하고
이행하는 것. 정해진 규칙 내에서 진행되므로 계약의 불이행에 대한
우려가 없음

• 채굴: 블록체인 네트워크의 신규블록을 생성하고 연결하는 행위, 투
입한 컴퓨팅 파워에 대한 보상으로 암호화폐를 제공. 블록체인 상에
서 암호화폐의 발행과 신뢰를 확보하는 역할을 함

• 비트코인: 2008년 '나가모토 사토시'란 익명의 개발자에 의해 탄생한
최초의 암호화폐

• 이더리움: 2015년 비탈릭 부테린에 의해 개발된 블록체인 플랫폼을

표방하는 암호화폐. 2세대 암호화폐로 분류되며 다양한 디앱(Dapp)을 이더리움 플랫폼 위에 붙이는 것이 가능

- 마스터코인: ICO를 통해 탄생한 최초의 암호화폐. 현재 Omni의 전신으로 ICO를 통해 50만 달러의 자금을 모집

- 닷컴 버블: 1998~2000년 인터넷의 폭발적인 성장으로 인터넷/통신 관련 벤처기업의 주가가 폭등한 현상. '닷컴'이란 단어만 들어간 것으로 주가가 수십 배 오르는 현상이 나타났으나 2000년 말 대부분의 닷컴 기업이 파산하며 주가 폭락으로 이어짐

- 백서(White paper): ICO를 진행할 경우 해당 프로젝트의 주요 기술적 사항이나 로드맵을 기록한 문서

- 암호화폐: 비트코인과 같이 블록체인 상에 구현된 가상화폐의 일종

- 이오스: '이더리움 킬러'를 목표로 댄 라리머가 개발한 3세대 암호화폐. 이더리움 같은 블록체인 플랫폼이며 합의 알고리즘으로 DPoS를 사용해 빠른 속도를 내세우고 있음

- 리플: 해외 송금 시장을 타깃으로 개발된 암호화폐. 제도권에서 쓰이는 유일한 암호화폐로, 현재 시가총액 3위를 기록 중

- 해시파워: 해시 함수를 푸는 능력. 해시파워가 높을수록 블록 생성 권한을 많이 가져갈 수 있음

- 카르다노(Cardano): 플랫폼 블록체인 프로젝트이며 3세대 암호화폐인

에이다(ADA)가 사용되는 플랫폼

- 하스켈(Haskel): 1990년에 탄생한 순수 함수형 프로그래밍 언어. 3세
  대 블록체인 카르다노가 하스켈로 제작
- 사이드체인(Side Chain): 블록체인 상에서 기존 블록체인 외의 다른 블
  록체인 상의 자산을 거래할 수 있도록 하는 제2의 블록체인
- 메인체인: 블록체인 네트워크의 기본이 되는 블록체인
- Pre ICO: 정식 ICO 전에 일부 투자자를 대상으로 미리 진행하는ICO
- 넥스레저(Nexledger): 삼성SDS가 개발하고 공급하는 블록체인 플랫폼
- 코다(Corda): R3 컨소시움이 개발한 블록체인 플랫폼으로, 주로 금융
  권에 적용되도록 개발됨
- FIDO(Fast Identity Online): FIDO 얼라이언스에 의해 제안된 사용자 인
  증 프레임워크로, 생체인식(지문, 음성, 홍채,얼굴 등)기반의 인증 시스템
- 하이퍼레져 패브릭(Hyperledger Fabric): 리눅스 재단에서 주도하는 하
  이퍼레저 컨소시움이 개발한 블록체인 플랫폼
- 하이퍼레져 프로젝트(Hyperleger project): 리눅스 재단에서 주도하는
  오픈소스 블록체인 기술로 IBM 등 다양한 개발진들이 참여 중
- 스팀(Steem): 블록체인SNS 서비스인 스팀잇에서 사용되는 암호화폐
- 스팀잇(Steemit): 블록체인SNS 서비스로,SNS에 글을 올리고 투표에
  참여하는 것만으로도 암호화폐를 받을 수 있음

• 뮤지코인: 음악 저작권 거래 블록체인 서비스로, 뮤지션들은 자신이

보유한 음원 저작권을 블록체인 상에서 거래할 수 있음

# 『제4차 산업혁명시대, 블록체인에 투자하라』 저자 심층 인터뷰

> '저자 심층 인터뷰'는 이 책의 주제와 내용에 대한 심층적인 이해를 돕기 위해 편집자가 질문하고 저자가 답하는 형식으로 구성한 것입니다.

Q. 『제4차 산업혁명시대, 블록체인에 투자하라』를 소개해주시고, 이 책을 통해 독자들에게 전하고 싶은 메시지가 무엇인지 말씀해주세요.

A. 최근 암호화폐 열풍으로 많은 사람이 변동성 높은 암호화폐에 큰 비중의 자산을 투자하고 있습니다. 수익을 얻은 사람들도 많지만, 반대로 회복 불가능한 손실을 입은 사람들도 많이 생겨나고 있습니다. 현재 블록체인은 과거 인터넷의 등장과 비견될 정도로 정보 혁명을 일으키고 있습니다.

이러한 시기에는 반드시 큰 수익을 얻을 수 있는 기회가 생깁니다. 비단 암호화폐에 직접 투자하는 것만이 전부가 아님을 전하고 싶습니다. 블록체인 기술은 이제 시작입니다. 블록체인에 대해 다양한 투자방법을 파악한다면 안정적이며 높은 수익을 얻을 기회가 올 것입니다.

Q. 제4차 산업혁명에 대해서 관심이 많지만 정확히 알고 있는 사람은 많지 않습니다. 제4차 산업혁명이 무엇인지 설명 부탁드립니다.

A. 제3차 산업혁명이 컴퓨터, 인터넷의 등장에 따른 정보기술의 발전이었다면, 제4차 산업혁명은 이러한 정보가 연결되며 다양한 기술이 융합되는 초연결과 융합의 혁명입니다. 최근 많은 관심을 받는 자율주행 자동차, 스마트홈 또한 제4차 산업혁명의 핵심 분야입니다. 그리고 블록체인은 이러한 제4차 산업혁명의 핵심이 될 기술로 떠오르고 있습니다. 모두가 연결되는 초연결의 시대에 이론적으로 블록체인만큼 민주적이며 안정적인 기술은 아직까지 없습니다.

Q. "블록체인 위에는 세상 모든 것을 기록할 수 있다"라고 말씀하셨는데, 왜 정보를 블록체인에 기록해야 하는지 설명 부탁드립니다.

A. 블록체인에 정보를 기록하는 이유는 보안 강화와 탈중앙화 2가지입니다. 탈중앙화를 통한다면 기존 중앙집중형 시스

템으로는 구현이 불가능했던 시스템을 구현할 수 있게 됩니다. 인터넷 기반의 서비스는 반드시 중앙 시스템이 필요하고, 중앙 시스템은 사용자에게 서비스를 제공하며 일정 수수료를 받거나 발생하는 수익에 대해 소유권을 가져갑니다. 블록체인이 이러한 인터넷 기반의 서비스를 대체한다면 수수료는 사라질 것이고 발생하는 수익은 블록체인 구성원들에게 배분될 것입니다. 이것은 기존 인터넷이 구현하지 못한 진정한 정보의 수평적 공유가 시작되는 것입니다.

Q. 블록체인에 투자하고 싶은데 관련 기업에 대해 많이 궁금해 합니다. 어떤 기업이 국내에서는 블록체인 분야에서 주목할 만하나요?

A. 국내에서는 대기업SI 업체들이 블록체인 기술을 주도하고 있습니다. 삼성SDS, LG CNS, SK C&C와 같은 대기업은 안정적인 기존 사업의 실적을 보유하고 있어 안정적인 기술개발이 가능합니다. 또한 대기업 외 중소기업의 블록체인 비즈니스 확대도 주목해야 합니다. 대기업과는 다르게 이들 기업의 블록체인 비즈니스는 전사에 미치는 비중이 상대적으로 크기 때문에 해당 기업의 기업가치도 블록체인 기술개발과 동시에 큰 폭 성장할 가능성이 높습니다. 라온시큐어, 한컴시큐어와 같은 보안기업과 옴니텔과 같은 암호화폐 거래소 관련 기업이 초기에 주목 받을 것입니다.

Q. 외국 역시 블록체인에 대한 관심이 높다고 들었습니다. 블록체인 관련해 주목할 만한 외국기업은 어떤 것들인가요?

A. 미국의 경우 국내보다 훨씬 빠른 속도로 블록체인 관련 회사들이 생겨나고 있으며 이미 주가 급등을 기록한 경우도 많습니다. 해외 테마주에 투자하기 위해서는 벤처기업 보다 대형 IT 업체를 선택하는 것이 좋습니다. 국내 업체들과는 다르게 얻을 수 있는 정보가 한정되어 있어 이에 따른 리스크가 커 손실의 위험이 높기 때문입니다. 해외 대형 블록체인 관련 업체는 IBM, SBI홀딩스와 같은 업체들이 있습니다.


Q. 비트코인 투자와 블록체인 투자의 차이점에 대해 보다 자세한 설명 부탁드립니다.

A. 비트코인은 블록체인으로 만들어진 전자화폐의 일종이라 보면 간단합니다. 즉 비트코인에 투자하는 것은 블록체인에 대한 다양한 투자 중 하나일 뿐입니다. 블록체인은 지속적인 기술개발을 통해 다양한 곳에 사용되고 있습니다. 블록체인에 투자한다는 것은 이러한 다방면에 대한 투자입니다. 기존 사업을 확장하려는 기업에 투자할 수 있고, 새로운 비즈니스 모델을 가져가려는 기업에 투자할 수도 있습니다. 심지어 블록체인으로 구성된 다양한 서비스에 직접 참여함으로써 재화를 획득할 수도 있습니다.

Q. 1·2·3세대 비트코인, 알트코인, 블록체인을 통틀어 블록체인만의 가치와 큰 장점은 무엇인지 자세한 설명 부탁드립니다.

A. 1세대 비트코인, 2세대로 불리는 이더리움, 그리고 현재 태동하고 있는 다양한 3세대 블록체인 암호화폐까지 발전되고 있습니다. 이러한 발전은 기술의 발전이며 블록체인의 핵심 본질은 동일합니다. 분산된 블록(Block)을 통해 참여자들은 중앙 시스템의 관리가 없는 시스템에서 각자의 역할을 수행할 수 있게 되고, 이것이 블록체인의 핵심가치이자 장점인 것입니다.


Q. 암호화폐가 블록체인 3.0, 3세대 등장으로 세대교체가 되고 있는데 3세대 암호화폐 각각의 특징과 기능성에 대해 자세한 설명 부탁드립니다.

A. 3세대 암호화폐는 1·2세대의 합의알고리즘의 한계를 극복해 속도와 용량문제를 해결하고자 등장했습니다. 현재 이오스, 에이다, 테조스 등 다양한 3세대 암호화폐가 생겨나고 있습니다. 또한 현존하는 금융 시스템과 유사한 거래 처리 속도를 확보했습니다. 비트코인이 야기한 극심한 에너지 소모 문제에 대해서도 해결하며 블록체인의 확장에 기여하고 있습니다.

Q. 이더리움을 통한 암호화폐공개(ICO) 참여방법에 대해 자세한 설명 부탁드립니다.

A. ICO 프로젝트의 경우 다양한 암호화폐를 통해 모집이 가능하나, 현재 많은 수의 ICO가 이더리움을 통해 진행되고 있습니다. 우선 ICO에 참여하기 전 이더리움 개인 지갑을 생성해야 합니다. 개인지갑 생성이 완료되었다면 참여하고자 하는 ICO 프로젝트의 메인 사이트로 접속해 ICO 참여로 들어가면 해당 프로젝트의 ICO에 참여할 수 있는 이더리움 주소(Ethereum Adress)가 나타날 것입니다. 이제 개인지갑에서 해당 주소로 이더리움을 보내면 ICO에 참여가 완료됩니다.


Q. 에스토니아는 블록체인 기술을 가장 빠르게 도입한 국가로, 국가 공식 암호화폐인 에스트코인을 ICO 진행할 계획이라고 말씀하셨습니다. 에스토니아의 전자 시민권을 만들려면 어떻게 해야 하나요?

A. 에스토니아는 작은 인구를 극복하기 위해 전 세계를 대상으로 전자 시민권을 발급하고 있습니다. 이는 이름만 그럴 듯한 전자 증서가 아닙니다. 실제로 전자 시민권을 발급받게 되면 에스토니아 소재의 법인을 설립할 수 있으며, 에스토니아 은행 계좌 개설과 금융 거래가 가능하게 됩니다. 에스토니아 전자 정부의 전자시민권 발급 사이트(https://

e-resident.gov.ee)에서 전자 시민권을 발급하고 있으며 발급 비용 100유로와 여권 사진만 있으면 발급이 가능합니다.

Q. 아이디어만으로 암호체인을 만들 수 있다고 하셨습니다. 그럼 어떤 아이디어가 블록체인으로 구현 가능할까요?

A. 현실에 존재하는 모든 비즈니스 모델은 블록체인으로 구현 가능합니다. 주변의 경험을 토대로 아이디어를 내는 것도 좋은 방법입니다. 하나의 예를 들자면, 영화리뷰를 블록체인으로 구현할 수도 있습니다. 리뷰어와 독자로 구성된 블록체인은 리뷰 숫자가 늘어나고 독자 수가 증가할수록 성장할 수 있습니다. 또한 독자들이 해당 영화에 대한 평점을 매기고 실제 영화 흥행 성적에 따라 독자들에게 일정 토큰을 지급한다면, 흥행 가능성이 높은 좋은 영화의 리뷰는 늘어나고 독자들의 구독도 늘어날 것입니다. 이와 같이 다양한 생활 속 아이디어들이 모두 블록체인으로 구현 가능합니다.

Q. 제4차 산업혁명시대를 맞아 투자자가 지녀야 할 자세는 무엇인지 한 말씀 부탁드립니다.

A. 제4차 산업혁명에 대한 기술발전은 빠르게 일어나고 있으나, 일반 사람들은 체감하기 힘들만큼 서서히 적용되고 있

습니다. 특히 블록체인의 경우 각 기업과 국가 주도의 기술 발전이 시작되고 있습니다. 예의주시하지 않는다면, 어느 순간 제4차 산업혁명은 끝나 있을 것입니다. 새로운 서비스와 기술이 소비자에게 소개되기 전에 이미 기술 발전은 끝난 것입니다. 즉 소비자가 아닌 투자자의 입장에서 접근해야 합니다. 블록체인은 느끼지 못하고 있으나 이미 산업 전반에 걸쳐 적용이 시작되는 단계입니다. 블록체인에 대해 깊은 관심을 가지고, 투자 리스크에 대한 냉정한 판단을 가진다면 블록체인 시대의 수혜를 받을 수 있을 것입니다.

# 독자 여러분의
# 소중한 원고를 기다립니다

★ 메이트북스는 독자 여러분의 소중한 원고를 기다리고 있습니다. 집필을 끝
냈거나 혹은 집필중인 원고가 있으신 분은 khg0109@hanmail.net으로 원고의 간
단한 기획의도와 개요, 연락처 등과 함께 보내주시면 최대한 빨리 검토한 후에 연
락드리겠습니다. 머뭇거리지 마시고 언제라도 메이트북스의 문을 두드리시면 반
갑게 맞이하겠습니다.